「心」「技」「体」を整える方法

サッカーでゴールを量産するために

元J2日本人得点王
TRE2030
ストライカー・アカデミー代表
長谷川太郎 著

マイナビ

はじめに

現役時代、ストライカーを担っていた私は、身をもってゴールの重みを知りました。Jリーグでは、たった一つゴールを決められなかったことで、J1チームからJ2チームへ移籍することになり、たった一つのゴールでチームのJ1昇格を手繰り寄せました。インドのプロリーグでは、1ゴールを決めただけで、未払いだった給料が支払われました。

サッカーでは、ゴールが選手の人生を大きく変えます。だからこそ、ストライカーはゴールを決められなければ勝敗の責任を負い、そのゴールがチームを勝利に導くものであれば一身に賞賛を浴びるのです。このようなしびれる体験を味わえるのは、このポジションだけの特権なのです。

ゴールは、それにかかわるすべての人々の感情を揺さぶります。喜びや悲しみ、嬉しさや悔しさといった喜怒哀楽を呼び起こし、それぞれの人の感情を爆発させる起爆剤のような存在です。私は、そういうゴールの魅力にとりつかれました。

小学生でサッカーを始めたころからゴールだけを目指し、いつも強いこだわりを持って練習に励んできました。中学生に上がり、柏レイソルのジュニアユースに入団できたときは、プロサッカー選手という夢が目標に変わり、ユースに昇格するために必死で練習をしました。そして、1998年にトップチームに昇格し、プロになる夢が叶ったのは、こだわりを捨てずにゴールを積み重ねてきたからです。

そこからもさまざまな成功と失敗を経験してきましたが、17年間のプロキャリアの中で唯一誇れることは、ゴールを決めることに情熱を傾け、ストライカーというポジションを貫き通したことです。その

おかげで、こうして「ストライカーコーチ」という肩書を持ち、全国各地の子どもたちに「ゴールを決める喜び」を伝えられています。

私の身長は170cm弱で、サッカー選手としては決して大きな体ではありません。ですが、プロの屈強なディフェンダー（DF）やゴールキーパー（GK）と勝負し続けてきました。ゴールは体が強く、大きいから決められるものではありません。小さいなりにゴールを決められるコツがあるのです。

私が仲間たちと設立した「TRE2030ストライカー・アカデミー（以下、アカデミー）」では、そのコツを多くの子どもたちに指導してきました。本書には、私たちがが考えたTRE式「ストライカー育成」のノウハウが数多く詰まっています。この本が多くの子どもたちのゴールの喜びにつながることを願っています。

CONTENTS

c h a p t e r 1

第1章

イメージ力と決断力がゴールを生む鍵となる

1 そもそもストライカーとはどんなポジションなのか？

小さいころの憧れのストライカーといえば、横浜ＦＣの三浦知良選手（カズさん）でした。カズさんがゴールを決めるたびに、カズダンスを踊り、祝福のために集まってきたチームメートにもみくちゃにされるシーンがテレビに映りました。私はそれを見ながら「ストライカーって特別な存在なんだ」と、感じたことを覚えています。それから、私も年齢を重ねると共に、「なぜ、ストライカーが特別なのか」が分かるようになりました。それは「ゴール」が試合の勝敗を左右し、そのゴールを決める専門のポジションがストライカーだからです。

最近、よく「フォワード（ＦＷ）とストライカーは、どう違うの？」と小学生に聞かれます。そんなとき、私はこう答えています。

「ストライカーは最後まで諦めずに、何度でもゴールに向かってチャレンジをし続け、ゴールを決めるＦＷだよ」

かつては、ＦＷといえばゴールを決めることが仕事でした。ですから、一般的に「ＦＷ＝ストライカー」と言っても通用したのです。しかし、現代サッカーでは、ＦＷに多くの仕事が課せられています。例えば、守備や攻撃の起点といった役割です。

ただし、どんなに時代が移り変わり、戦術が高度になっても、サッカーは「一つのボールを奪い合い、相手ゴールに蹴り込むのを競い合うスポーツ」であることに変わりはありません。これがサッカーの原理原則です。ですから、チームの最前線、つまり相手ゴールに一番近い場所にいるFWは、どんな状況においてもゴールを決めることを最優先に考え、プレーしなければいけない選手なのです。

私は現役時代、常にそうした思いでプレーしていました。守備をするときも、攻撃の起点になるときも、常に頭の中では、そこから「どうやったらゴールにつなげられるか」を当たり前のように考えていました。

いつもゴールを意識していれば、「どこで、どんなシュートを打てばいいか」というように、ゴールを決めるための過程をあれこれと自然にイメージするようになります。いずれはそうした習慣が実を結び、ゴールへとつながります。こうした経験をたくさん積んだ選手こそゴールを取れる「ストライカー」になるのではないかと、私は思っています。

❷ ゴールを決めるのに必要なのはシュートまでのイメージと決断

「どうすれば、たくさんゴールが決められますか？」

私が現在、指導する「TRE2030ストライカー・アカデミー」の小学生たちに、こんな質問を投げかけられることがあります。そんなとき、私の頭にはプロサッカー選手としてプレーした現役時代の一つの記憶がよみがえります。それはヴァンフォーレ甲府のストライカーとしてゴールを量産し、J2で日本人得点王となった2005年シーズンに得た「ゴールへの道筋」が見える感覚です。ドリブルからシュートを打つときも、パスを受けてシュートを打つときも「自分がどこで、どういうシュートを打つ」という「イメージ」が常に頭の中にあったため、改めて「考える」ことはなく、すでに「決断」したことを体で表現するだけでした。

もちろん、そのときに決断したプレーが絶対ではありませんでした。止めることも、変えることもありました。ただ、それは事前に「イメージ」と「決断」ができていたからこそ瞬時に対応できることです。つまり、私はストライカーにとって一番大切なのは「ゴールへの道筋をイメージできるか」だと考えています。そして、この感覚を磨くことこそが、冒頭の質問の答えにつながるものだと思います。

現代サッカーには、個々の選手が余裕を持ってプレーする時間とスペースがありません。特にシュートは簡単に打たせてもらえません。その中でストライカーがゴールを奪うためにはDFより早く決断し、早くシュートを打つ必要があります。育成の現場では、監督やコーチから「考えてプレーしなさい」とアドバイスされることが多いと思うのですが、ペナルティーエリア内では「考えるより先に体が勝手にシュートを打ってしまった」くらいの方が理想です。周囲の状況を見ながら「自分がどうすべきか」を先にイメージし、前もって決断できなければDFより早くプレーできません。

持論ですが、現代のストライカーは得点チャンスに応じて、意識しながら動作を起こすレベルでは遅く、「無意識のうちに体が勝手にシュートを打つ」というくらいの流れが身についていなければゴールは奪えないと感じています。だからこそ、ストライカーになるために、ゴールに対するパッション（情熱、熱い気持ち）を大事にしてほしいのです。

私は現役晩年になってそれに気付き、トレーニングを行いました。最初はゴールを決めるために必要ないくつかの要点を意識しながら何度もシュート練習を繰り返し、徐々にそれを無意識に行えるレベルまで落とし込みました。ただし、このとき要点として「何を意識するか」が大切です。そのために私は、シュートのコツを知識化して整理しました。それがなければ、何に意識を働かせてシュートに取り組んでいるのかが混乱するからです。結果として、私自身は30歳を過ぎてから「シュートのコツとは何なのか？」を洗い直して練習することとなり、「もっと早くこれを知って練習していたら……」という後悔を抱く形となりました。

そんな思いもあって、私は2015年に現役を退いた後、ストライカー専門のスクール「TRE2030ストライカー・アカデミー」を開いたのです。日本サッカー界の未来を担う子どもたちに、シュートのコツを伝えていくのが自分の使命だと思いました。

ジュニア年代（小学生）からシュートのコツを知り、イメージと決断によって、無意識にシュートを打つ感覚を磨けば、早くから「ゴールへの道筋」を見出していけるでしょう。また、そうした意識の中でこそ、より質の高い成功と失敗がたくさん経験できるのです。それを数多く積み重ねた選手ならば、18歳になるころには、日本の決定力不足を解消するストライカーに育ってくれるはずです。

ストライカーコーチとして、ここ2年ほど活動する中で確信していることは、「知識↓意識↓無意識」の段階を踏む重要性です。ゴールを決める再現性を高めるには、シュートのコツを知り、それを意識してゴール体験を積むことで、無意識レベルのシュートが打てるようになります。そして、そのシュートのパターンが多いほど、さまざまな状況でゴールを陥れられるのです。

ちなみに、ストライカーを育てることを専門にした私のアカデミーでは、「蹴感（しゅうかん）」「シュート筋」を身につけるために、たくさんシュート練習をしようと子どもたちに声がけをしています。蹴感とは「いろんなバリエーションの練習でそれぞれの感覚を磨き、たくさんシュートを打つことを習慣化する」ということを意味して、私が作った造語です。シュート筋とは、シュートを打つ際にボールに力を伝えるための筋肉の総称です。

この二つはジュニア年代からの積み重ねが大きな意味を持ちます。全国には数多くのクラブやスクールがあり、それぞれ工夫を凝らした練習をしていますが、ドリブルやパス、ボールコントロールなどの技術指導に多くの時間を費やし、シュート練習にはさほど時間を割けないという話も耳にしています。でも、シュートのコツにはシュートをたくさん打たなければ身につかないものがあるのです。私がストライカーに特化した育成専門のスクールを作り、子どもたちにシュートの機会を多く経験させたいと考えたのは、そんな理由があるのです。

3 TRE2030ストライカー・アカデミー代表 長谷川太郎が考える「ストライカー育成論」

私なりのストライカー育成論を語る前に、まずはいくつかサッカーに関係する言葉の定義を伝えておきたいと思います。サッカーというスポーツに対する、ストライカー目線での独自の考えを前提にしていますので、一般的な解釈とは違う部分もあると思いますが、本書ではこの言葉の定義をベースに読み進めてもらえたらと思います。

▼サッカーとは、ゴールに向かって攻めたり守ったりする本気の遊び
▼ピッチとは、サッカーという本気の遊びを行う舞台

▼ストライカーとは、シュートを狙って遊ぶのが最もうまい役者

子どもたちにとってサッカーは、互いに全力を出し切って楽しむ本気の遊びであり、それを行うピッチは晴れの舞台です。そして、そのピッチに立つ一人ひとりが役者であり、ポジションごとに役柄が異なります。そういう見方をした場合、ストライカーは「ピッチの中でゴールを決めるという表現が一番うまい役者」だと、とらえることができます。

ピッチ上で行われるパフォーマンスが「本気の遊び」だからこそ、観る人々を楽しませ、感動を与える舞台となります。そこで大切なのは「遊び心」という創造性です。舞台では役者全員がゴールを目的に自分なりの表現をします。その舞台の最大のクライマックスシーンがゴール前なのです。

そうなると、主役はもちろんストライカーです。なぜならシュートを狙って遊ぶのが最もうまい役者だからです。当然ですが、ストライカーはゴール前が一番ワクワクする場所です。そこでは主役として感情のすべてを出し切り、シュートを打つという表現力を発揮しなければなりません。それが決まればゴールという感動をみんなに与えることができ、ストライカーとしての充実感を味わえるのです。

ただそれは、「さぁ、相手チームのゴールに向かって本気で遊びに行くぞ」と力を合わせてゴール前までパスをつなぎ、ボールを運んでくれた仲間たちの思いと責任を背負うこ

とにもなります。ですから、舞台のクライマックスシーンでは、主役ならではの覚悟が必要になります。とはいえ、肩に力が入ってしまっては、いい表現ができません。そのために稽古の中でたくさんのシュート練習を行うのです。

チームを指揮する監督やコーチは、いわば演出家なので自ずとやるべきことが見えてきます。本番の舞台では、手ほどきせずに見守ることしかできません。だからこそ稽古の中で、主役であるストライカーがシュートという演技の幅を広げられるように頭をひねるのです。主役は豊かな感性を持っている一方で、デリケートな一面を持ち合わせています。演技指導で大切なことは、「ゴール」という感動を生み出す役割の充実感を数多く体験させ、「シュート」という自己表現による喜びを味わわせてあげることです。

そして、これらの経験は早い時期に得るほどいいのです。ジュニア年代でこうした気持ちを体感していれば、中学生や高校生になって練習が厳しくても、試合で悔しい思いをしても乗り越えることができます。クライマックスシーンで主役（ストライカー）として演技（シュート）し、最後に感動（ゴール）を与えることの喜びを知っているので、舞台で本気で遊ぶための努力を必ず続けられると思います。

4 ストライカーを育成するには18歳までの一貫指導が大切！

「TRE2030ストライカー・アカデミー」の目標は「2030年までに、FIFAワールドカップの得点王を育成すること」です。これまで子どもから大人までさまざまな選手を指導しながら感じたのは、やはりストライカーもゴールを決めることに特化した一貫指導が大事だということです。仮にプロサッカー選手になる年齢が18歳だとすると、それまでにストライカーとしての基盤が完成されていなければなりません。どんなことを身につけておかなければならないかが見えれば逆算して、どの年代にどんな体づくりをし、どんな技術や戦術を習得すべきかが具体的に浮かび上がってきます。それを大まかに整理したのが次の内容です。

▼TRE式「ストライカー一貫指導のための年代別指導」の指針

小学1～3年生＝シュートを打つための基本動作&基本技術の習得
小学4～6年生＝ゴールを決めるための技術&個人戦術の習得
中学生＝ゴールを決めるためのグループ戦術の習得
高校生＝ゴールを決めるためのチーム戦術の習得

これは日本の学校教育をベースに独自に考えたものです。特に、小学生は9歳ぐらいを境に身体的にも精神的にも著しく成長するとされているため、ジュニア年代は小学1～3年生、小学4～6年生と二つに分けています。とにかく小学生の間は、「個」の力を徹底的に磨くことがテーマです。

小学1～3年生は、まずシュートを打つ動作と技術の基本を身につけ、ストライカーとしてのベースを作ることが大切です。そして、小学4～6年生はそれに上積みし、シュートを打つまでの状況を作る考え方を学び、実戦での動き方などもトレーニングすることになります。

中学生では、攻撃陣の一員として「自分がどうプレーに関与し、どうシュートまで持っていくか」をグループの中で学んでいくことが重要です。また、高校生では守備陣からのゲームの組み立てを含め、チームとしてゴールを目指すうえでストライカーが果たす役割を理解することが求められます。

世界的に共通しているように、12歳まではサッカーに必要な基本技術と判断力を養う年代です。その中でも、ストライカーはゴールを決めるのが仕事ですから「シュート」という技（テクニック）を徹底的に磨き上げなければいけません。シュートテクニックの良しあしはチームの勝敗にも直結するため、ごまかしのきかない部分です。

シュートテクニックを発揮するにはゴールへの「イメージ」と「決断」が必要不可欠で

すが、それを実現するためには、まずフィジカル（体）を整えることが重要です。ボールを止める、蹴るのはもちろん、体を思い通りに動かせるようになるのが、ストライカーとしての体づくりの目的です。ゴール前の少ない時間とスペースの中でプレーし、何よりDF対応されるより早くシュートを打たなければならないことを考えると、子どものころからさまざまなトレーニングをして体の動きを体得しておくことが、プロとしてプレーしてきた経験上、とても大切だと感じています。

ですから、私のスクールのトレーニングには、ラダーやチューブを使った体づくりを取り入れています。こうしたメニューについては本書の第2章（60～107ページ参照）で詳しく説明しています。

「TRE2030ストライカー・アカデミー」を立ち上げてから2年ほどが過ぎ、ようやく「TRE式ストライカー育成メソッド」が完成しました。これは私の17年間のプロとしてのキャリア、さらにこの2年の間に多くの子どもたちを指導した実体験を基に考案したものです。

TRE式「ストライカー一貫指導のための年代別指導」の指針（20ページ参照）は、18歳になるころに一人前のストライカーとして巣立ち、さまざまな場所で活躍してほしいとの願いも込めて立てたものです。ただ、実際の指導では、具体的にストライカーが備えておくべき要素は何か？　年代ごとにどの要素を積み上げ、どんなトレーニングをしたらい

1-1 TRE式「ストライカーに不可欠な五つの要素」

一人前のストライカーとして18歳（高校3年生）までに身につけるべき要素

体 フィジカル
- しなやかさ（バランス）
- アジリティー（リズム&ステップ&反応）
- 調整力（コーディネーション）
- スピード（走力）
- バネ（瞬発力&パワー）

心 メンタル
- 覚悟
- 責任
- 遊び心（心の余裕、駆け引きに通じる要素でもある）

心 ブレイン
- イメージ力（ゴールへの道筋を創造する力）
- 決断力（どんなシュートを打つかを決められる力）
- 予測力（GKやDFがどう対応するかを察知する力）
- 認知力（間接視野で状況をとらえる力）
- 判断力（プレーの実行、中止、変更を考える力）

技 テクニック
すべてシュートを打つために必要なテクニックを指す
- シュート（添える&とらえる）
- ドリブル（シュートのイメージ通りに運ぶ、仕掛ける）
- 止める（足元に収める ※本書では「トラップ」と表現）
- コントロール（意図して次につなげるためのプレー※「止める」の要素に意図を加えたもの）
- パス（シュートを打つことを意図し、いったん味方にボールを渡すプレー ※落とす、預ける）

戦術
- 個人戦術（※メンタル&ブレインの要素と組み合わさり、駆け引きの基盤となる）
- グループ戦術
- チーム戦術

※TRE2030が目指す「ストライカー育成」をコンセプトにしているため、攻守にバランスの取れたサッカー選手の育成とは多少異なることがあります。また、「テクニック」はシュートを打つために必要な技術を指します。

いのか？ といったことが分からなくてはいけません。

そこで、ストライカーに必要な具体的な要素を整理したものが図1－1【TRE式「ストライカーに不可欠な五つの要素」（23ページ参照）】です。これは、一般的にサッカー選手に必要な「フィジカル」「メンタル」「テクニック」「戦術」をベースに、私が重要視している「ブレイン（思考）」を加え、ストライカー用にアレンジしたものです。

さらに、ストライカーに不可欠な五つの要素を、それぞれ身につけるべき年代ごとに整理したものが、図1－2【各年代に身につけるべきストライカーの要素（25ページ参照）】です。20ページの年代別指導の指針でも触れましたが、児童教育の世界では昔から「9歳の壁」という言葉があり、その年齢を境に体が変化するのはもちろん、精神面も変化し、自分以外の物事を意識して徐々に論理的な考え方ができるようになると言われています。そのため、ジュニア年代は小学1～3年生、小学4～6年生の二つに区切って整理しています。最終的には、12歳までに「ゴールを決めるための基本技術&個人戦術」をマスターすることを目指して、低学年、高学年の時期に身につけるべき要素として参考にしてみてください。

実際の指導では、この図1－2に書かれた要素をトレーニングに落とし込むことが大切です。「ゴールを決める」というプレーレベルで分析すると、これらの要素はそれぞれ単体ではなく、いくつかが複雑に絡み合うことで一つのプレーを形成しています。ですから、

1-2 各年代に身につけるべきストライカーの要素

フィジカル	メンタル&ブレイン	テクニック	戦　術
高校3年生までに身につけるべき要素			
中学生までに身につけた要素からの上積み。（※ただし、選手ごとに復習すべき要素もあるため、都度、その要素のポイントを振り返った練習を行うことが必要になります）			チーム戦術
中学3年生までに身につけるべき要素			
スピード（走力） バネ（瞬発力&パワー）	判断力（プレーの実行、中止、変更を考える力）	パス（シュートを打つことを意図し、いったん味方にボールを渡すプレー ※落とす、預ける）	グループ戦術
小学生までに身につけた要素からの上積み。（※ただし、選手ごとに復習すべき要素もあるため、都度、その要素のポイントを振り返った練習を行うことが必要になります）			
小学4～6年生に身につけるべき要素（ストライカーのベースづくり）			
―	予測力（GKやDFがどう対応するかを察知する力） 認知力（間接視野で状況をとらえる力）	コントロール（意図して次につなげるためのプレー ※「止める」の要素に意図を加えたもの）	個人戦術（少人数の守備陣との駆け引き）
小学1～3年生までに身につけた要素からの上積み。（※ただし、小学生の間は「個」を磨くことが目的のため、小学1～3年生までのストライカーの土台づくりは継続しなければなりません）			
小学1～3年生に身につけるべき要素（ストライカーの土台づくり）			
しなやかさ（バランス） アジリティー（リズム&ステップ&反応） 調整力（コーディネーション）	イメージ力（ゴールへの道筋を創造する力） 決断力（どんなシュートを打つかを決められる力）	シュート（添える&とらえる） ドリブル（シュートのイメージ通りに運ぶ、仕掛ける） 止める（足元に収める※本書では「トラップ」と表現）	個人戦術（1対1を中心にした駆け引き）

※TRE2030が目指す「ストライカー育成」をコンセプトにしているため、攻守にバランスの取れたサッカー選手の育成とは多少異なることがあります。また、「テクニック」はシュートを打つために必要な技術を指します。

トレーニングメニューを考えるときは、どの要素とどの要素を結びつければいいのか、どの要素なら分離させて練習できるのかということが問題になってきます。

例えば、フィジカル系のトレーニングは比較的独立させて考えやすいメニューでしょう。また、テクニック系のトレーニングでも「シュート」と「止める」「ボールコントロール」といった要素だけの組み合わせであれば、メニューの作成は簡単です。

しかし、ストライカーの仕事は「ゴールを決める」ことです。2チームの攻防の中から、ゴールに至るまでのプロセスを切り取ると、これを厳密にトレーニングに落とし込むのは非常に複雑になります。その中でも、一番身につけるのが難しく、かつゴールという結果を大きく左右するのが「予測力」と「駆け引き」の要素です。このように練習メニューを組み立てる難しさは、実際に少年団やサッカークラブ、部活動の指導で、現場に立っている人の共通した悩みではないでしょうか。

そこで、私は多岐にわたり、複雑に関係し合うさまざまな要素をなんとかシンプルな形で「ゴールを決める」ためのトレーニングに落とし込み、練習メニューのベースとなるものを作れないかと思案しました。その末にたどり着いたのが、現在、私が練習メニューの基準として使っている図1－3【TRE式「ストライカー育成メソッド」トレーニングの考え方】（28ページ参照）】です。

日本のスポーツでは、よく「心」「技」「体」のバランスが問われますが、サッカー選手ももちろん「心」「技」「体」によって選手のパフォーマンスが支えられています。そのため、私はこの三つの柱を切り口にさまざまな要素をバランスよく練習メニューに反映できるように考えました。

三つの柱の中には、図1－3（29ページ参照）でもあるように「体＝フィジカル」の項目として、しなやかさ、アジリティー、調整力、「心＝メンタル&ブレイン」の項目として、ゴールを決める駆け引き、GK・DFをかわす駆け引き、ボールを受ける駆け引き、「技＝テクニック」の項目として、ドリブルシュート（ボールタッチ3回以上OK）、コントロールシュート（ボールタッチ2回までOK）、ダイレクトシュート（ボールタッチ1回だけOK）と、三つずつ、中心となる練習テーマを内包した形にしています。

これら三つのテーマに沿って練習すれば、図1－1（23ページ参照）や図1－2（25ページ参照）の組み合わせに悩まず、ストライカーに必要な要素をある程度、網羅できると思います。後は、これを実践する際に、練習する選手たちの年齢などに合わせて、図1－2の要素を意識したエッセンスや、アドバイスを加えてみてください。一つひとつの具体的な練習内容については、この後、第2章「体＝フィジカル」、第3章「心＝メンタル&ブレイン」、第4章「技＝テクニック」と各項目ごとに紹介していきます。

ただし、戦術に関する要素については、各チーム、指導者ごとの方針があるため、この構成の中には組み入れていません。各自でこれらのメニューを行う中で、味付けを行って

1-3 TRE式「ストライカー育成メソッド」トレーニングの考え方

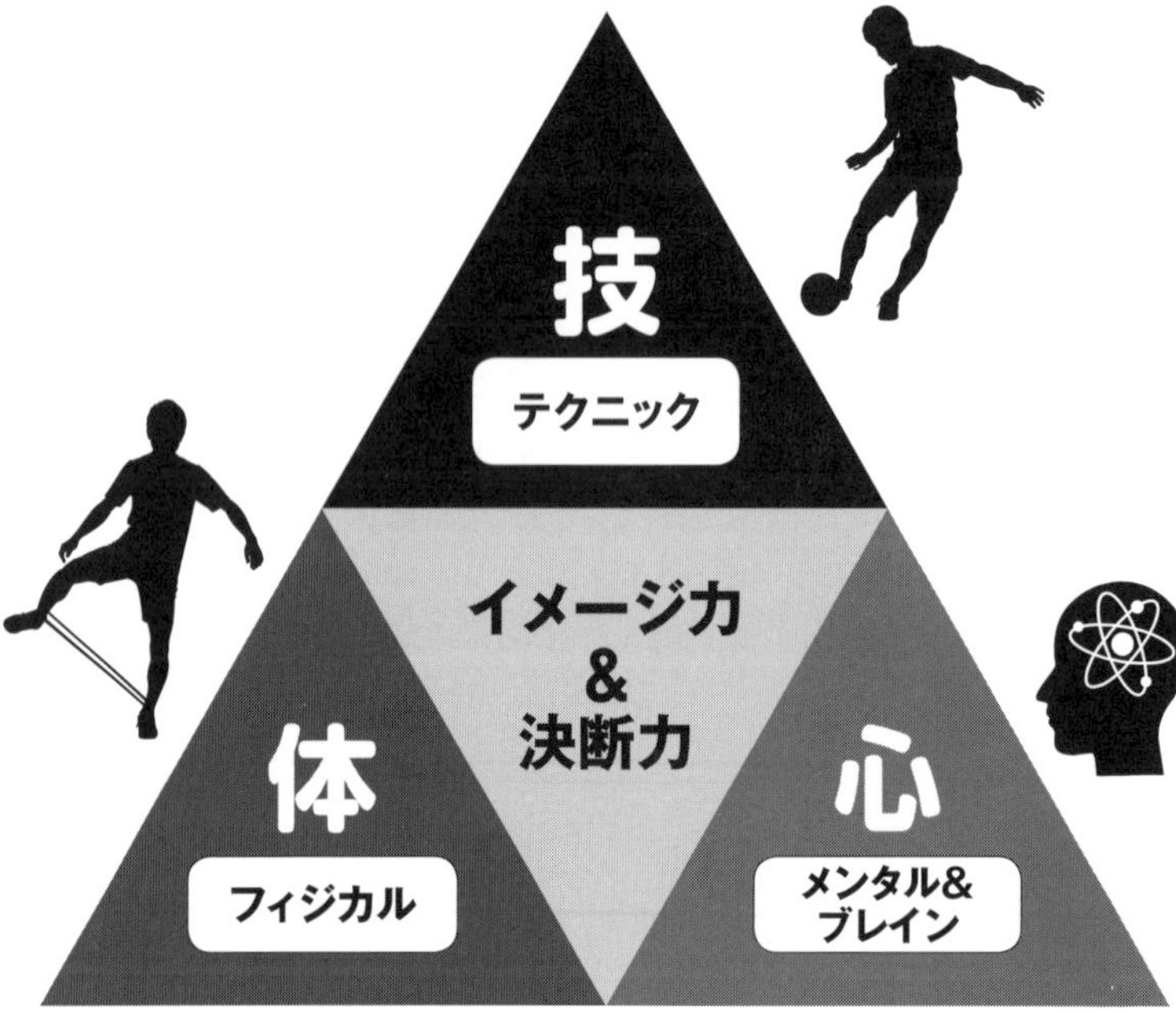

ジュニア年代（小学生）の子どもたちが身につけるべき要素（図1－2）を、実際のトレーニングに落とし込むときに分かりやすくした図に表したものが、上記のＴＲＥ式「ストライカー育成メソッド」トレーニングの考え方（図1－3）です。それを現場の監督やコーチのため、練習メニューの考案時に活用してもらえるように具体化したものが29ページで示した「体=フィジカル」「心=メンタル＆ブレイン」「技=テクニック」のそれぞれ三つの項目です。

TRE式「ストライカー育成メソッド」を基に、12歳までに身につけるべき要素を具体化した3本柱

体 フィジカル

しなやかさ（バランス）

アジリティー（リズム&ステップ&反応）

調整力（コーディネーション）

心 メンタル&ブレイン

ゴールを決める駆け引き（GKとの駆け引き）

GK・DFをかわす駆け引き

ボールを受ける駆け引き

技 テクニック

ドリブルシュート（3タッチ以上）

コントロールシュート（2タッチ）

ダイレクトシュート（1タッチ）

もらえればと思います。

この章の最初にも説明しましたが、ゴール前で無意識レベルのシュートを打つためには「イメージ」と「決断」が大切です。この三つの柱をベースにした練習をバランスよく積み重ねていくことでイメージと決断のレベルも上がっていきます。また、ストライカーとしての視点から見ると、実戦の中では、この三つの要素が「体」→「心」→「技」の順番で積み重なるイメージを持っています。それは、みんながつないでくれた思いの込もった1個のボールを体（フィジカル）と心（メンタル＆ブレイン）で受け止め、相手との駆け引きで時間とスペースを作り出し、ボールコントロールやシュートという技（テクニック）を生かして、ゴールを決めるからです。こうした視点は、私が練習メニューを組み立てる際の優先順位にも関係しています。

これが「TRE式ストライカー育成メソッド」の根本となるコンセプトです。1回のトレーニングの流れとしては、基本的に「フィジカル」はアップで行い、次にゴール前の状況から逆算してタッチ数を制限するような形でシュート練習を行います。そして、メインのトレーニングは実戦に近い形でGKやDFを加えたシュート練習をすることで、相手守備陣との「駆け引き」の機会を多く作り、試合に生きる「メンタル＆ブレイン」と「テクニック」の力を磨いていきます。

ジュニア年代の「フィジカル」メニューは特に、筋力や持久力ではなく、「調整力」「しなやかさ」「アジリティー」といったものを重視します。こうした要素は「テクニック」の向上とも相関関係にあり、神経系が大きく発達をする小学生の間までに一番身につけてほしいものです。中学生や高校生でも身につきますが、科学的にはジュニア期を逃すと、トレーニング効果が圧倒的に落ちるとされています。

また、ストライカーのための「駆け引き」のトレーニングとは、簡単にいえばゴールからの距離に応じて生まれる状況に対して、段階的に必要になる「駆け引き」を取り出したものです。これは対人メニューが基本となるため、トレーニングの中ではメインとして扱うことが大事です。また、1日の練習の最後には必ずミニゲームや紅白戦など、ゲーム形式のものを取り入れましょう。そして、その日にトレーニングしたことを意識し、積極的にゴールを狙うプレーを楽しむことが大切です。

このように、練習では設定したテーマと共に、徐々に試合の状況に近づけたトレーニングへと発展させ、いくつかの要素を組み合わせた練習メニューを行うのが理想です。

ここでは参考として、アカデミーで行っている1日のトレーニングプランを紹介します。ただし、これはあくまでも一つの事例であり、絶対的なものではありません。ここから皆さんでそれぞれのメニューを発展させて、独自のプランを考案してみてください。

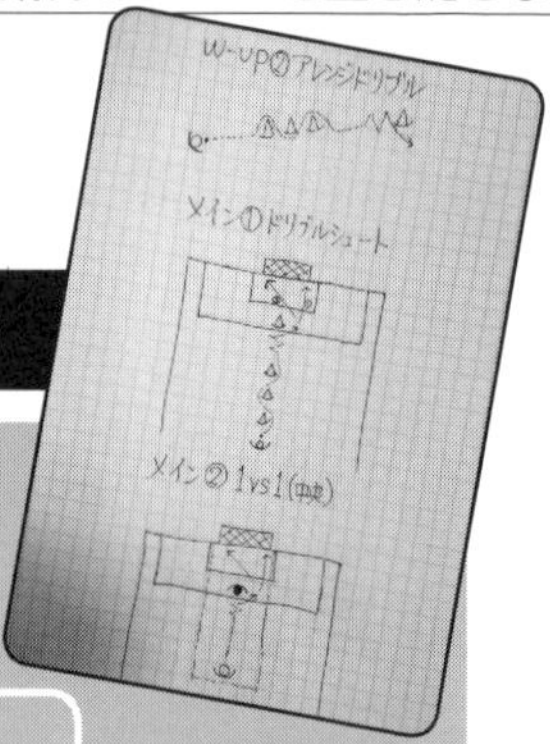

私が日ごろ実際に使っているトレーニングノートの一部

テーマ 自ら仕掛けてゴールを決める

ウォーミングUP② 15分間

アレンジドリブル

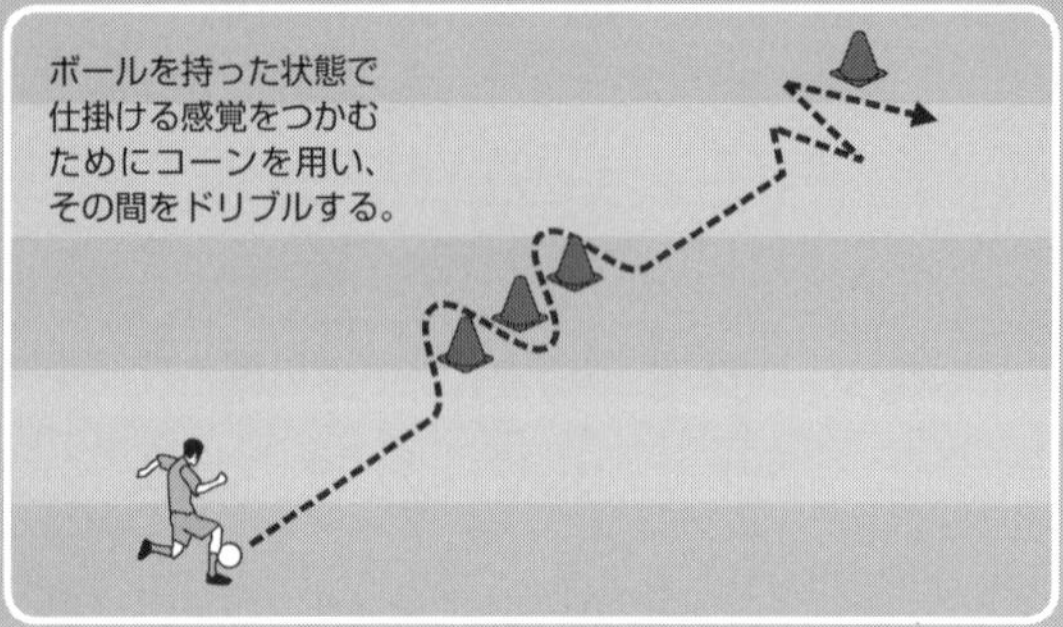

ボールを持った状態で仕掛ける感覚をつかむためにコーンを用い、その間をドリブルする。

メイン トレーニング② 20分間

1対1・中央からのドリブルシュート練習

最後にDFをつけ、どうかわせばシュートを打てるのかという実戦に生きる術を学ぶ。

ゲーム 20分間

ゲームではメイントレーニング②で練習したことを積極的に使い、しっかり蹴感をつける。

1～3年生

TRE2030ストライカー・アカデミー
1回のトレーニングプラン事例

トレーニング時間 90分

ウォーミングUP① 20分間

体幹

- 片足キャッチボール
- 正座ジャンプ

ラダー

- 2ステップ
- 捻転
- サンバ

体の土台づくりに加え、仕掛けを行うための足の運び方をラダーで養う。

メイントレーニング① 15分間

中央からのドリブルシュート練習

ウォーミングUP②からのシュート。より実戦に近い練習になり、イメージを高められる。

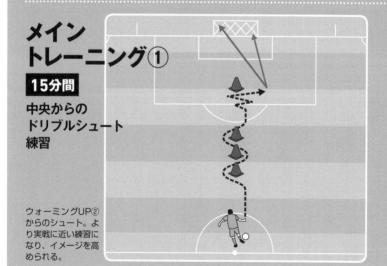

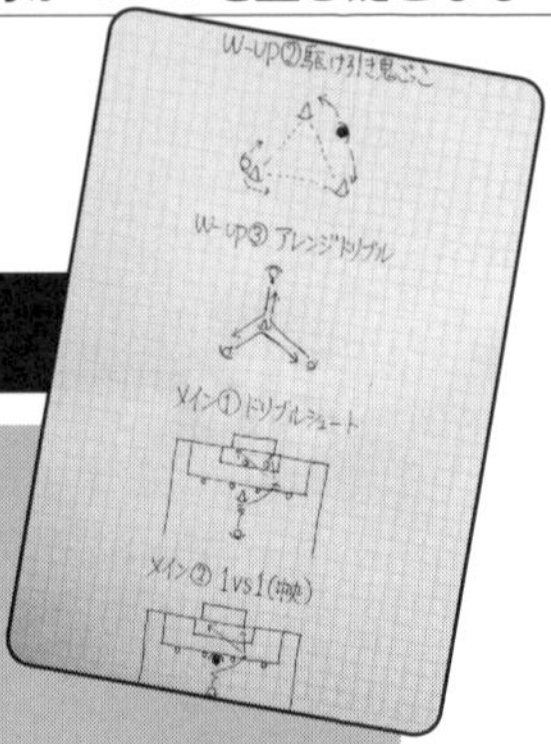

私が日ごろ実際に使っているトレーニングノートの一部

テーマ ボールの置き所を決める

ウォーミングUP② 15分間

駆け引き鬼ごっこ

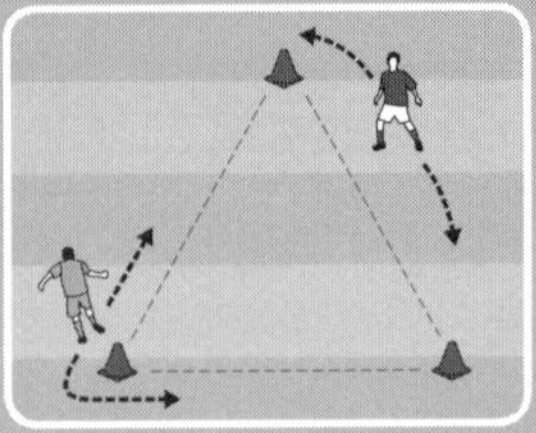

ＤＦの動きによって自分が左右のどちらに逃げたらいいのかを見極める練習をしておく。

ウォーミングUP③ 15分間

ドリブル左右

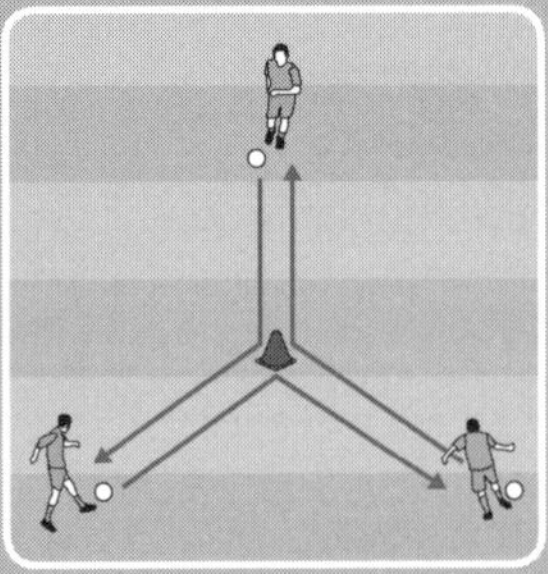

ウォーミングUP③では、ボールと一緒に左右どちらにもスムーズに移動できる技を磨く。

メイントレーニング② 15分間

1対1・中央からのドリブルシュート（制限付）練習

動くDFに対し、どうボールを置いたらシュートが素早く正確に打てるのを習得する。

ゲーム 15分間

DFを相手に実戦でのボールの置き所とシュートの関係を失敗と成功の中から学ぶ。

4〜6年生

TRE2030ストライカー・アカデミー
1回のトレーニングプラン事例

トレーニング時間 90分

ウォーミングUP① 15分間

体幹

- 両足跳び片足バランス
- 正座ジャンプ片足着地

ラダー

- 1マス片歩1歩
- 1マスインアウト
- サンバ

少し負荷のあるウォーミングUPでバランス、体の使い方など実戦に生きる体づくりを行う。

メイン トレーニング① 15分間

中央からのドリブルシュート（制限付）練習

ウォーミングUP②・③を生かし、さらにシュートを打つためのボールの置き所をつかむ。

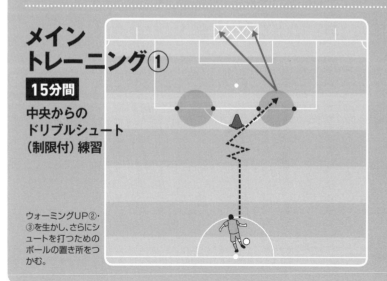

今回紹介した二つのトレーニングプランについては考え方のみを説明します。1～3年生と4～6年生で共通している点は、アップからメインまでつながりを持たせていることです。まず、ウォーミングUP①では必ずストライカーに必要な「体」（フィジカル）の土台づくりを実施します。そして、ここからが設定したテーマ練習の本番です。

ウォーミングUP②、またはウォーミングUP③は最終的に身につけたいシュートイメージ（メイントレーニング②）を磨くために必要な体の動きを考慮した練習メニューになっています。相手に仕掛けるために左右のステップを使う、前に行くと見せかけて瞬時に後ろに引いてボールを受けるなど、メイントレーニング②を実践するために必須となる体の動きを含んでいるかどうかを逆算して考えています。ときにはボールを扱ったテクニック要素を組み合わせ、メイントレーニングに必要な動きとテクニックを身につけるのもいいでしょう。

それらを終えた後、いよいよメイントレーニング①に入ります。これはメイントレーニング②の前準備として設定しています。いきなりメイントレーニング②のように試合に近い状況を作ってしまうと、含まれている要素が多かったり複雑に絡み合い過ぎたりしているため子どもたちの頭の中が混乱してしまいます。ですから、メイントレーニング②から少し要素を減らし、シンプルにシュートイメージが持てる形にしたトレーニングになっています。

私は1日のトレーニングプランを立てるとき、最終的なシュートイメージに向けて段階的につながるように流れを作っています。ただし、小学生年代ではプラン通りにガチガチに練習をさせる必要はありません。子どもたちのその日のモチベーションや体の動きによって、その時々で修正や変更を加えましょう。

1～3年生と4～6年生との違いは単純に要素でしかありません。しかし、4年生以上になれば、少しずつ物事を論理的に考えられるようになるため、意識する要素が自然に増えてトレーニングがより複雑化することになります。ですから、1～3年生の間はサッカーをやるうえでの基盤となる動作をたくさん身につけ、それらを使っていろんなシュートを打つことが大事だと思っています。「ゴロ」『バウンド』『浮き球』といったパスの状態、「左」「中央」「右」といったエリア、「GK」「DF」をつけた対人といった具合に試合で実際に想定されるシュートを可能な限り、監督やコーチが設定してあげましょう。そして、フィジカルとテクニックを使いながらゴールを狙う楽しさや難しさを全身で感じることが、この年代の最大の目的です。

私はどんなクラブでも必ず1日1回はシュート練習をすべきだと感じています。そのわけはゴールの喜びが心に自信という貯金を蓄積させるからです。それがサッカーをプレーする子どもたちの一番大きな原動力になります。特に育成年代においては、ゴールほど、自信を生むものはないのです。

5 シュートのコツを知って意識する ストライカーの思考を育もう

本章の冒頭で、たくさんシュートを打とうと言いました。ただ、何本もシュートを打ったからといって、ゴールが決まるようになるわけではありません。シュートそのものを練習するだけでなく、まず「シュートを『打つコツ』を知ること」が大事です。

そのためにはGKとDFの動きをトレーニングの中で学び、「どの位置に、どう動けばシュートが打てるか」を察知する力を養わなければなりません。また、「このDFをこの位置に動かせば、シュートスペースができる」と予測できれば、「駆け引き」によって意図的にそのスペースを生み出せます。

守備側の原則として、GKはボールとゴールを結ぶ線上に立つように動きます。また、DFはシステムによる細かいポジショニングの差はいろいろとありますが、ボールの位置に合わせ、DFライン全員がラインを崩さず、DF同士の間のスペースをなるべく空けないように組織的に動きます。ただし、攻撃の選手をマークしなければならないため、ボール保持者に近いエリアはDF同士のポジショニングが崩れやすい状況となります。ゴールを奪うには、こうした守備側の選手の動きの中で、いかにスペースを見つけ、または生み出し、利用するのかが鍵となります。つまり、相手の動きを知ることはシュートスペースを発見することにつながります。守備のセオリーを知れば「自分がどう動けばシュートに持ち込めるのか」という予測が立てやすくなると同時に「ゴールへの道筋」がイメージできるようになるのです。DFやGKの裏を突く、ボールを受けるためにマークを外すといった「駆け引き」はストライカーがシュートを打つための「状況づくり」だと考えると理解しやすいと思います。

改めて整理すると、シュートには、ボールを蹴るテクニックと、シュートを打つための状況づくりという二つのコツがあるのです。蹴るコツについては自分一人で探求することが可能ですが、状況づくりのコツはジュニア年代のうちは一人で解決することが難しいでしょう。それは子どもたちが「どうすればいいのか?」を考える材料やヒントをあまり持っていないからです。

ですから、私は、子どもたちが自分なりの答えを見つけられるように、実際のゲームの状況に近い2対1、2対2、3対3といった複数人のトレーニングを行い、その中で子どもと一緒に考えるようにしています。

「何度かチャンスがあったね。惜しかったけど、シュートにいけなかったよね」「DFはどこにいた?」「どのスペースが空いている?」「どう動けばいいかな?」など、子どもに問いかけながら状況を理解させ、自分なりの答えにたどり着くサポートをするのです。それが子どもたちに「どうすればいいか?」を気付かせる唯一の手段です。

小学4年生ぐらいからは失敗すると自発的に「どうして？」と感じ、「どうすればいいか？」を考え始めますが、3年生ぐらいまでは「どうして？」とも思わない子が多いものです。そうした子どもの成長段階の特徴を知っておくのも、サポートする大人にとって大切なことです。

3年生ぐらいまでなら「こうするとシュートまでいけるかもしれないね」と、たまに答えを教えてあげるのも効果的です。自発的に考える感覚を持っていないこの年代の子たちが0の状態から答えにたどり着くのは難しいですが、少しヒントをあげることで、頭が回転するきっかけを作ることができます。

ただし、安易に助け舟は出すことはやめましょう。子どもが失敗に疑問を持たない中で言葉をかけても、言っていることの意味が伝わりません。子どもの立場からすれば「何を言っているのだろう？」と思うだけです。私は育成年代の選手を育むうえでは、子どもの失敗を大人が我慢して見守ることが大事だと感じています。子どもは失敗を続けていると「どうしてゴールを決められないんだろう？」「どうしてシュートを打てないんだろう？」と思い始めます。

助け舟を出すのは本当にそのことを悩み始めてからです。そうすればアドバイスの言葉に素直に耳を傾けてくれます。監督やコーチは失敗の原因や、改善方法が分かっていたりするのですが、助け舟にはタイミングが重要です。

こうしたコミュニケーションを繰り返しているうちに、子どもたちは状況に対する知識が増え、失敗の原因が分かるようになります。そうなれば何を意識すればシュートを打てるのか、ゴールを決められるのかが見え始めて実行に移します。やがて、成功体験を積み重ねるうちに得意のシュートパターンを発見します。そうすると、周囲の状況に応じて無意識レベルでのシュートが打てるようになっていくのです。私も、子どもたちを指導するときはこの「知識→意識→無意識」の段階を意識しながら、「知識がないのか」「意識ができていないのか」を見極めるようにしています。知識が少ない子には知識が増えるように、意識ができていない子には何を意識すればいいのか気付くように促しています。

❻ ゴールへのイメージを増やすことが多彩なシュートパターンを生み出す

TRE式でも「ゴールへの道筋」をイメージできることを重要視しています。イメージを生む手助けとしてデモンストレーションをしたり、ときにはタブレット型のモバイル機器を使ってシュートシーンの動画を見せたりすることもあります。子どもがシュートを失敗したり、打てなかったりしたときにプレーを一時停止して、その場で状況を理解させ、解決方法を考えさせるのは知識を増やすうえでは大切なことです。でも、ジュニア年代、特に低学年のうちから頻繁にそれをやってしまうと、サッカーを窮屈なものに感じてしまいます。

「百聞は一見にしかず」という言葉があります。「世界の名ゴール集」のように、バリエーションに富んだシュートシーンをまとめた動画などを見せることもゴールへのイメージを増やすとてもいい方法です。そもそも子どもは想像を膨らませることが大好きですし、とても得意です。また、ものまねも大好きなので、動画を見た後は、きっとみんなまねをするでしょう。そうして遊んでいるうちに、自分の頭の中に新たなイメージを勝手に作り出します。

私はもちろん元プロサッカー選手という経験を生かし、ミニゲームのときはあえてテクニカルな「魅せるシュート」を、いろいろと試すように心がけています。高学年の子やサッカー経験がある子が「あんなゴールの入れ方もあるんだ」と、さらにイメージを広げ、シュートの引き出しを増やすきっかけにしてほしいからです。ときには、子どもの中からデモンストレーション役を選び、お手本を披露してもらうのも効果があります。やはり同世代の選手に対する競争心は、子どもたちに大きな刺激となるようです。

さらに、アカデミーの子どもたちが中心に参加するストライカーキャンプなどでは、みんなで一緒にゴールの動画などを見ながら、元Jリーガーのコーチ陣が解説をしたり、コーチたちの現役時代のプレー動画を見てもらったりします。そうすることで、シュートのイメージを持った中で集中力の高いトレーニングができます。このように子どもたちに、動画を見せたりすると、ゴールへのイメージや好奇心を持ち始め、ネットなどにあるいろいろなシュートシーンを自主的に閲覧するようになりました。子どもたちの反応は、私も予想していませんでしたが、好奇心を持って、自ら探求することが子どもにとっては一番の学びです。元々は練習の予習の意味を込めて始めた動画の視聴でしたが、結果的にはいろんな効果を生みました。

毎回の練習で、さまざまなエリアや状況を設定しシュート練習をするのはとても大切なことです。状況の変化に合わせて、動画などから吸収した「こんなシュートを打とう」というイメージが、たくさん試せる環境づくりを心掛けたいと考えています。

7 GKやDFをやることは相手を理解し駆け引きの材料を増やすことになる

私が「TRE2030ストライカー・アカデミー」を立ち上げた理由の一つは「もっとゴールへの意識を高く持ってもらう」環境づくりをしたかったからです。一般的なクラブやスクールでは、昔のようにシュート練習に時間を割くことが少なくなっていると聞きます。ですから、子どもたちに思う存分シュートを打てる環境を提供してあげれば、自チームに戻ったときでもゴールへの意識を高く持ち続けてくれるのでは、と考えたのです。シュート練習の減少は、同時に相手のGKやDFとゴールを賭けた「駆け引き」をする機会が減っていることも意味します。

ストライカーがゴールを強く意識すると、GKやDFの決断が鈍ります。守備側の心理としては、何よりまず失点を避けたいため、相手にシュートを狙う気配を感じれば、どうしてもそちらに意識が向いてしまうのです。ですから、シュートするためにドリブルを仕掛けてきたように見えるのと、ただDFを抜くためにドリブルを仕掛けてきたように見えるのでは、「駆け引き」という意味で相手に与える影響が大きく違ってくるのです。

そのため、私はアカデミー生たちにGKもDFも体験させ、「ゴールを狙い、ゴールを守る」サッカーの原理原則を肌感覚で感じ取ってもらいます。そうすることで「ゴールを決め切った喜び、守り切れなかった悔しさ」の両方を知ることができるので、試合でもゴールへの執着心を発揮してくれると思っています。DFになればドリブルで抜かれたり、ゴールを決められたり、普段とは逆の立場で悔しい経験をします。すると、「なんでやられたんだ？」と悩むようになり、自然にゴールを中心にしたプレーを考えるようになるのです。もちろん守備が成功したときの楽しさを知るきっかけにもなります。

ゴールを賭けて相手と勝負し、「失敗し、成功し、そして何かを覚える」経験は非常に学びとして濃いものです。サッカーは必死にゴールを目指す選手と、必死に守る選手がいて、ひりつくような厳しい、でもワクワクするような状況が生まれるのです。ストライカーはピッチの中で一番ゴールを奪いたい、そして一番意識している選手でなければなりません。だからこそ、それに向き合って対峙するGKやDFの気持ちを分かる必要があるのです。

そんな体験が増えるほど「ゴールをどう狙おうか」というイメージが膨らみます。失敗から学ぶことは大事ですし、もっとうまくなって「こんなシュートを打てるようになりたい」という向上心が湧くきっかけになります。そうすれば、味方に自らのイメージを伝えるために声をかけるなどして、「要求」する努力をするようになります。

私は子どもがもっとゴールへの意識を高めるため、サッカー界全体にシュートへの意識を高める機運を作る起爆剤になりたいと、「TRE2030ストライカー・アカデミー」を設立しました。シュートを決めるさまざまなスキルはチャレンジする中でしか得られません。

ギリギリの戦いの中で「シュートを打っていい」、そして「外してもいい」、だから「思い切ってゴールを狙え」という雰囲気こそ、ストライカーが育つ環境なのです。多くの子どもたちがたくさんゴールを狙うようになれば、GKもDFも大きく成長します。さらにはミッドフィルダー（MF）を中心に、優秀なパスの出し手が育ちます。ゴールへの気持ちを後押しすることは、すべてにおいてプラスαを生むことになるはずです。

相手の立場になって物事を考える力は日本人の武器です。それを追求する形で、ジュニア年代から「GKやDFとの駆け引き」を覚え、良い意味で狡猾《こうかつ》に、巧みになっていけば日本人ならではのストライカーが出てくるかもしれません。

やがて、ストライカーとしての才能が花開き、プロサッカー選手になる夢につながった場合でも、また、別の世界に進むにしても、そのように自分以外のことに気を配る感覚は、さまざまなことに役立つと信じています。

8 ゴール前のクライマックスは口を出さない 子どもたちのイメージと決断に寄り添う

子どもにとって、ピッチは本気で遊ぶ舞台であり、ゴール前はその最大のクライマックスシーンであることは前述したと思います。ストライカーが、「遊び心」を持ってシュートという演技を感情の赴くままに全身で表現する晴れ舞台……。そこでは誰も邪魔をすることはできません。舞台の演出家である監督とコーチも、観客であるお父さんお母さんも一切口出ししてはいけないのです。ストライカーはシュートを打つことに集中し、ゴールという最高の結果によって、みんなを感動させるだけでいいのです。

しかし、それ以外のエリアではチームプレーヤーの一員として汗をかかなくてはなりません。ストライカーが主役となるのはゴール前だけです。それ以外の舞台上ではただの演者の一人として、ゴール前までボールを進める手助けをしなければいけません。そのためには味方や相手チームの気持ちを読み取ることが必要となり、DFやパスの出し手の経験が生きてきます。少し違った見方をすると、ゴール前はメンバー全員が主役になれる場所です。主にストライカー（FW）はもちろん、MFやDFもそこに一歩足を踏み入れたらゴールを一番に考えなければいけません。パスではなく、シュートを打つ「ストライカー」に変身しなければならないのです。

日ごろ、他のポジションを務める選手にとっては「うっ憤を晴らせる場所」や、「遊び心を出してプレーできる最高の場所」となるなど、とらえ方は何でも構いません。とにか

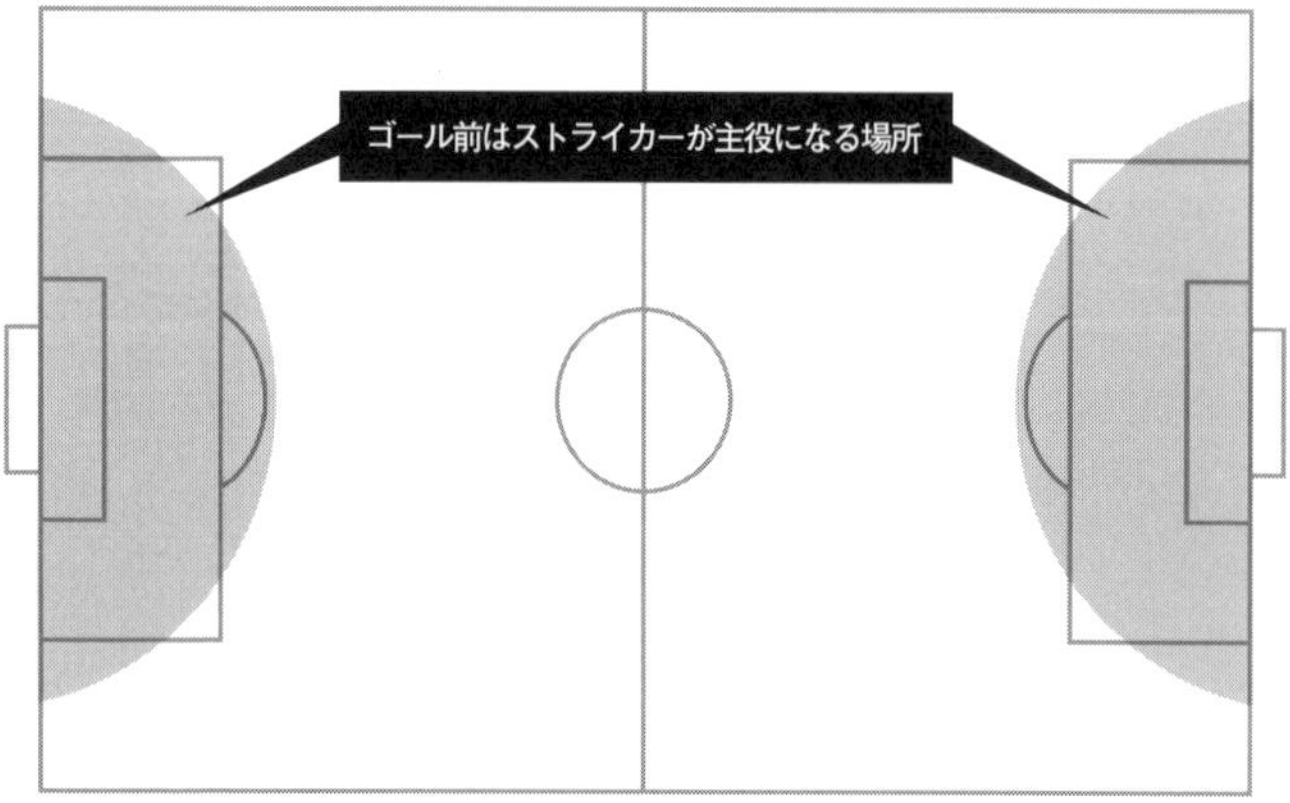

舞台のクライマックスだから「主役」であるストライカーは自由な「ゴールを決める」表現を発揮しなければならない！

くゴール前では、良い意味で、いつもとは違う表現者になって周囲の期待を裏切るプレーをしてほしいのです。イメージを持たずにただ何気なく打ってしまったシュートは、いわば大根役者という評価にしかつながりません。1試合に数少ない体験ができる舞台のクライマックスシーンなのですから、大いに楽しんでもらいたいと思います。

ストライカーの話題になると、自分のことしか考えない「エゴイスト」にならなければいけないとよく言われます。でも、私はシュートを打つ最終局面においてはエゴイストの一面が必要だと感じますが、それ以外は違うと考えています。なぜならゴール前以外はチームのために働かなければならないからです。単にチームの中でゴールへのこだわりが一番強いだけなのです。と、同時にストライカーはゴールを決めて、チームを勝利に導く役目を背負っているため「覚悟」を持って試合に臨んでいるだけなのです。

ゴールを決め、「責任」を果たせるときもあれば、シュートを外して、それを果たせないときもあります。私はストライカーが「エゴイストだ」と言われると、心の中にある覚悟や責任には目を向けてくれていないようで悲しくなります。もっと言えば、その覚悟や責任を背負いながらシュートを打った「勇気」を認めてほしい！　とも思うのです。そういう価値観を日本サッカー全体で共有していければ、決定力不足が叫ばれて久しい日本サッカー界も、もっと変わっていけるはずです。

ジュニア年代では、フィジカルやスピードに秀でた子がその身体的なアドバンテージだけで結果を出し、王様のように振る舞うことがあります。監督やコーチ、またお父さんお母さんがストライカーにとって必要な覚悟や責任、勇気があるかどうかを評価基準に持っていれば勘違いすることなく、また伸び悩むことがないかもしれません。

世界レベルで比較すると、日本人はフィジカルで特筆すべきものはありません。背の高さやパワーで有利には立てないし、スピードで圧倒することもできません。かといって、自分の主張を押し通すメンタリティーが育まれるわけでもありません。それならば、「日本人に適したストライカー像とはどんなものか?」という視点を持つことが必要ではないでしょうか。私は、敵の心理を読み取って「シュートを打てる状況を狡猾に巧みに作り出せる」のが日本人らしさだと考えています。この力を突き詰めていけば、世界でも通用するストライカーは育成できると考えています。だからこそ、監督やコーチ、またお父さんお母さんは口出しをせずに、ストライカーのゴール前でのイメージと決断に寄り添っていなければならないのではないのでしょうか。

ミッドフィルダー（MF）から見たストライカーというポジションとは？

元Jリーガー・宇留野純に聞く

得意なシュートを打ち続けたら味方がパスを出すようになる

——MFから見た場合、ストライカーとは、どんな存在なのでしょうか？

「とにかく1試合で必ず1点を取る選手です。現役時代、同じピッチに立った選手では、大黒将志選手、バレー選手はゴールを量産していました。足元の技術に秀でたわけではありませんが、結果的にゴールを決めています。例えば、大黒選手は守備陣のギャップ（選手の隙間）を突くうまさがあり、いつの間にかゴールを取れるポジションに入っています。あくまで主観ですが、彼らに共通していることは、ゴールを取ることしか考えていないことです」

——それだけゴールへのこだわりを持っているということですね。

「ストライカーはシュートが入らなくても、ボールを奪われてもゴールに向かうことを止めてはいけないポジションだと思います。南米系の選手は得意なシュートパターンをいくつか持っていて、失敗してもシュートを外し続けても得点を取れば、シュートを外すことは問題ないとトライし続けます。日本人選手はパスを選択し始めてしまいますが、彼らにはそれを続けるメンタリティーがあります。結局、得意なシュートパターンを出し続けると、味方にそれが伝わります。ＭＦなら、そのパターンにはまるように自然にパスを出すようになります。練習中からそうしていれば、試合の中で余裕がなくても『あの選手はニア（手前側）に入るのが得意だから、そこにパスを出しておこう』という心理が働きます」

――確かに、味方に自分が何をやりたいのかを示すことは大切です。

「パサーからすれば、ボールをコントロールしてルックアップ（顔を上げること）した瞬間、まず動き出しが早い選手が目に入り、ゴールを狙える準備が整った選手にパスを出します。ゴールに対して体を向けていたり、動き出したり、そういう準備ができている選手を優先します」

――現役時代、そういうプレーがうまい選手はいましたか?

「現在、名古屋グランパスエイトに所属する佐藤寿人選手はうまかったです。パサーがルックアップした瞬間に、『プルアウェー』で膨らむようにゴールを狙ったり、『ダイアゴナル』でDFの背後のスペースに走ったり、『チェック』でマークを外したり、さまざまな動きをパサーの状況に合わせて行っていました」

――ゴールに向かう姿勢は大事ですね。

「子どもたちの指導をしていて気付いたのですが、ストライカーがゴールを狙うとGKとDFがゴールを守ろうと考え始めます。と同時に、MFもなんとかストライカーにパスを送ろうと工夫し始めます。サッカーはゴールを奪い合うスポーツなので、『ゴールを賭けて練習することが大事なんだな』と、改めて実感しています。結果的に、そういう環境づくりが『ストライカー育成』につながるのだろうなと思っています」

宇留野純
（うるのじゅん）

1979年生まれ。埼玉県出身。現役時代は本田技研（Honda FC）、ヴァンフォーレ甲府、ロアッソ熊本、バンコク・ユナイテッドFC（タイ）、エアフォース・ユナイテッドFC（タイ）、Honda FC、ウボンUMTユナイテッドFC（タイ）でプレー。2015年に引退。現在、「TRE2030ストライカー・アカデミー」でコーチを務める。

chapter 2

第2章

「体=フィジカル」の整え方

シュートチャンスを逃さない、強くて速い「体」を作る

Physical

1 ストライカーの体づくりは、脳からの信号を体に伝達する神経系を刺激することから！

ストライカーは、「常にDFやGKとの勝負に勝つ」ことが求められるポジションです。なぜなら自分をマークするDF、GKとの1対1の勝負に勝たなければシュートすら打てないからです。では、DFやGKとの勝負に勝つためにはどうすればよいのでしょうか？

その方法はさまざまありますが、たった一つ断言できるのは「DFやGKの対応より、ちょっとでも早くシュートが打てたらゴールは決まる」ということです。ただ、ひと口にシュートといえば、単純にボールをゴールの中に入れることですが、実戦の中では、いろいろなバリエーションが必要になります。

相手をかわしてシュートを打つ、強烈なシュートを打つ、コントロールの良いシュートを打つ、大きく変化するシュートを打つ、こぼれ球に素早く反応してシュートを打つ、クロスがそれたけれども持ち直してシュートを打つ、コントロールミスをしたけれどもシュートを打つ……と、たくさんのシーンが想像できます。このようにサッカーで起きるシチュエーションを挙げたら切りがありません。しかし、とにかくどんな状況に置かれても、ゴールを守る相手よりも早く、シュートの形を作れれば、ボールをゴールに運ぶことができるのです。

それを突き詰めていくと、シュートチャンスを迎えた瞬間に自由自在に体をコントロールして、シュートを打てる「フィジカル」を身につけることが重要です。自分が思った通りに体を動かすことができれば、頭の中でイメージしたシュートを体現できるからです。また、ドリブルで相手をかわしたり、さまざまな動きで守備陣の裏のスペースを突いたりなど、シュートに至る過程の「駆け引き」においても、相手より素早く体を自在に動かすことができれば、ゴール前での勝負を制することができます。

そもそも人間は目や耳、肌などから得た刺激や情報に対して「どういうふうに反応するか」ということを脳で決定しています。そして、脳から神経を伝って体のあらゆるパーツに指令を送り、体を動かしています。スポーツ科学の観点では、こうした情報伝達に使われる神経系の成長が「最も盛んな時期」である幼児~小学生年代をゴールデンエイジと呼んでいます。いわゆる体を動かす神経の基盤を作る、一生に一度しかないこの貴重な時期はサッカー選手、さらにはストライカーに必要な「フィジカル」系のトレーニングが必須とされるのです。

しかし、「フィジカルを鍛える」というと、一般的には、筋力をつけるようなトレーニングをイメージしてしまいますが、ＴＲＥ式「ストライカー育成メソッド」で指導するフィジカルトレーニングは、筋肉を鍛えてスピードやパワーをつけるようなものではありません。自分の思った通りに、体を動かすために必要不可欠なものを養うためのトレーニングです。主に、次の三つの要素を整えます。

▼しなやかさ（体のバランスに関係）
▼アジリティー（リズム&ステップ&反応に関係）
▼調整力（体の動作を調整するコーディネーションに関係）

この三つは、元プロサッカー選手としての実体験と、アカデミーを始めてからの2年ほどの指導経験を基に考えた要素です。このように設定したきっかけは、最近の子どもたちがさまざまな動きを体で表現できない状況をたくさん目にしたからです。

例えば、いろんなステップワークを行うラダートレーニングでは、私が見せたデモンストレーション通りに足が運べない子どもが多くいます。ゲーム形式のトレーニングでは、マークに付く選手の急な方向転換やスピードの緩急に対応できない子どもたちを見かけます。そういう姿を目にしながら、「最近の子たちは、脳から体にさまざまな運動指令を送る神経系への刺激が本当に少ないんだな」と実感しています。

一方、世界で活躍するストライカーたちは皆、他を圧倒するような強靱なフィジカルを有しています。彼らのプレーを見れば、言うまでもありませんが、最終的には、ストライカーには次の二つの要素も不可欠となってきます。

▼スピード（走力）
▼バネ（瞬発力&パワー）

しかし、医科学的な観点からも言われているように、TRE式「ストライカー育成メソッド」においても、こうした走力とパワーをつけるトレーニングは小学生の時期にはあまり取り入れていません。これらの強化は、中学生や高校生からでも十分だと思っています。とにかく、小学生の間は自由自在に体を操れるように、「しなやかさ（バランス）」「アジリティー（リズム&ステップ&反応）」「調整力（コーディネーション）」を重点的に身につけるトレーニングをすべきだと考えています。

2 ストライカーに不可欠な3要素は具体的にどんなことに役立つのか？

小学生の間は、脳から体の各部への伝達を支える神経回路にさまざまなトレーニングで刺激を与え、発達を促すことが重要です。

TRE式「ストライカー育成メソッド」では、「アジリティー」のトレーニングに「ラダー（はしご状のトレーニング器具）」を用いて、リズム感、ステップの巧みさ、反応速度の向上に役立てています。ラダートレーニングは、私自身の経験においても、サッカーのプレーで想定されるさまざまな足の運びや素早い重心移動を養うために最適なトレーニングです。これでステップワークを身につけるとサッカーのいろんな局面で役立つ動きを体得できます。例えば、マークを外したりかわしたりするための急な方向転換やスピードの緩急、またDFやGKを惑わすためのフェイントなど、実戦に生かせるものをたくさん学べます。

また、「しなやかさ」と「調整力」は、切り離すことができない共存する要素です。TRE式では、しなやかさは体のバランスを保つ力、調整力をコーディネーションと定義しています。例えば、ジャンプした後にバランスを崩した場合、それを立て直すためには、体のしなやかさと、体の傾きを戻す動作を調整するコーディネーション力が必要になります。これらを磨くために、TRE式では、縄跳びトレーニングやチューブトレーニング、体幹バランストレーニングを行っています。

まず、縄跳びトレーニングは、基本姿勢を身につけることが大きな目的の一つです。この基本姿勢とは、どんな方向にも体を素早く動き出せる基になる姿勢のことです。サッカーのプレーに適した姿勢を理解することは、ラダートレーニングなど他のトレーニングにも相乗効果をもたらします。基本姿勢については次項で改めて説明します。また、安定した状態でジャンプを繰り返す中で、「しなやかさ」と「調整力」を自然に養うことができます。

次にチューブ（柔軟なゴムでできた帯状のトレーニング器具）を用いたトレーニングは、チューブの使い方によって目的が変化します。両足に巻いて足を動かせば関節の可動域を広げることになりますし、その状態でステップを踏めば「しなやかさ」と「調整力」を磨けます。

最後に、体幹バランストレーニングですが、なるべく小学校中学年ぐらいまではリンボーダンスなど、子どもたちが楽しめるような形のトレーニングをするように心がけています。

このようなトレーニングはどれもサッカー選手の体づくりが目的です。アジリティーは特にストライカーに生かせる「フィジカル」ですが、小学生はサッカー選手としての基礎を築くのが最優先です。ですから、6年間をかけてじっくりと育むことが大切です。次項からは、ここで紹介した「フィジカル」トレーニングの方法をそれぞれ、詳しく紹介していきますので、普段の練習にぜひ取り入れてみてください。

Let's Training

基本姿勢

トレーニングを始める前に、素早く動き出せる「基本姿勢」を身につけよう！

素早い動き出しをするには、姿勢が大切になります。背中が丸まってしまっていたり、かかとをべったりと地面に着けたりしていると、動き出しが遅れてしまいます。「肩甲骨を引き寄せる」「つま先重心で立つ」「足のスタンスを保つ」「あごを引く」「背筋を伸ばす」といったポイントを押さえ、基本姿勢を身につけましょう。

GOOD!

正面

肩甲骨をしっかりと引き寄せ、やや胸を張るような姿勢を取ることで、後ろに下がってしまっていた骨盤の位置を前に出すことができる。

背筋を伸ばし、脚を真っすぐに伸ばした基本姿勢の形を取ることで、前に重心がくる。そのため、かかと重心にはならないので、素早い動き出しに対応できる。視線はあごを引いて真っすぐに前を向く。姿勢を維持するには、お腹周りに意識を向け少し力を入れて立つようにします。

足のスタンス

足の指は骨盤より少し広く足先は平行に真っすぐ!

　足のスタンスは、骨盤の幅、もしくはそれより少しだけ広い状態が基本です。それが、次への動作に素早く移れる、かつ押されてもバランスを崩さないために踏ん張れる基本姿勢です。さらに、足先は急な方向転換にも対応できるよう常にフラットな状態で真っすぐ平行に保ちましょう。

骨盤に手を添え、それを目安に足の幅を調整し基本的な足のスタンスを身につけましょう。

素早く動けるようつま先重心で立つ

　つま先といっても指の先のことではなく、足裏の前３分の１（母指球のライン）に重心をかけるようなイメージです。かかとをごくわずかに浮かせ、地面をとらえます。

かかとを地面にべったり着けてしまう「かかと重心」だけはNG。次の動作に素早く移れません。

Let's Training

ラダートレーニング

アジリティーを高める！ラダートレーニング リズム&ステップを磨いて体を巧みに使おう

ラダートレーニングには、サッカーの実戦に生きる「足の運び方」と「体の使い方」が詰まっています。特にストライカーは、ペナルティーエリア近辺の相手が守りを固めてくるエリアで、一瞬の隙を突いてボールを持ち込んだり、パスを引き出したりしてシュートを打たなければいけません。守備への集中力が高まった状況の中で相手をかく乱したりかわしたりするには、プレーの方向やスピードを急に変化させるのが大事です。そうしたプレーは素早い足の運びと、相手やボールに合わせて体勢を変える体の使い方が重要です。

50ｍ、１００ｍを速く走る短距離ランナーのような走力も、ＦＷにとって大きなアドバンテージであるのは間違いありません。しかし、ゴール前で得点することに特化していえば、そのように一定の距離を走る「速さ」よりも、体の動きの切れ味を指す「速さ」の方が大きな武器となります。私は、そのためにラダーを使って、さまざまな動作やステップワークを行うことが必要だと考えています。ラダートレーニングを行う際には、まず基本姿勢を意識しましょう。特に「足のスタンス」と「つま先重心」の二つのポイントを押さえて、次の動作を素早く行えるようにしましょう。

トレーニング中は、「足のスタンス」と「つま先重心」を常に意識して、ラダーのマスを進まなければいけません。注意点は、体が前後、左右にブレないこと。これが崩れると、素早い動作が行えず、相手の圧力に耐えられません。初めは少し難しく感じますが、意識せずに姿勢をキープできるようになるまで努力しましょう。

私はラダートレーニングを行うとき、体の正面のスペースを間接視野（視野の外縁でぼんやりと見える範囲）でとらえるようにしています。なぜなら、ゴール前ではボールと同時に周囲の状況を常に間接視野でとらえた状態を保っておかないといけないからです。

ラダーのトレーニング中も顔は下げ過ぎずに、目線だけを30度ぐらい下げて、足元を確認するのがいいと感じています。

また、ラダーは4マスを全力で行うことがルールです。サッカーは相手と数歩の差によって勝負が決する競技です。いつでも、最後まで走り抜く癖をつけましょう。

タニラダーとは

フィジカルトレーナーの谷真一郎さんが考案したのが「タニラダー」です。単にステップを習得するだけでなく、サッカーの動きを素早く、効率的に行えるように設計されています。4マスという設定やマスのサイズはジュニア世代にも対応するように考えられています。

タニラダーは「走るのが遅い、運動が苦手」といった悩みにも有効。

Let's Training

ラダートレーニング

基本のステップ

ひざをロックして反発力を利用する感覚を学ぶ

このメニューでは、「基本姿勢」と「反発力」が体の動作において、いかに大切なのかを体感しましょう。前項で、基本姿勢の重要性については説明しましたので、ここでは、地面からの反発力を動作に生かす方法を中心に解説したいと思います。

素早い動作の秘訣は、方向転換などを行う際に、そこまでの動作で保っていた勢いを次へとうまくスライドさせることです。そこで大事なのが、ひざの使い方です。タニラダーの考案者、谷真一郎さんによれば、「ひざをロックする」と表現しています。

「ひざをロックする」というのは、竹がしなって反発力を生むようなイメージです。この感覚が理解できると、動作で生まれたエネルギーをキープし続けることができます。着地時にひざを深く曲げると、クッションが効いて勢いを吸収してしまい、エネルギーを次の動作には生かせません。着地時の反動で、ひざが少し曲がったらそれ以上曲がらないようにロックします。そうすることで、地面からの反発力を利用しながら、次の動作にエネルギーを移せるのです。

基本のステップ 両足ステップ

体の向き 正面

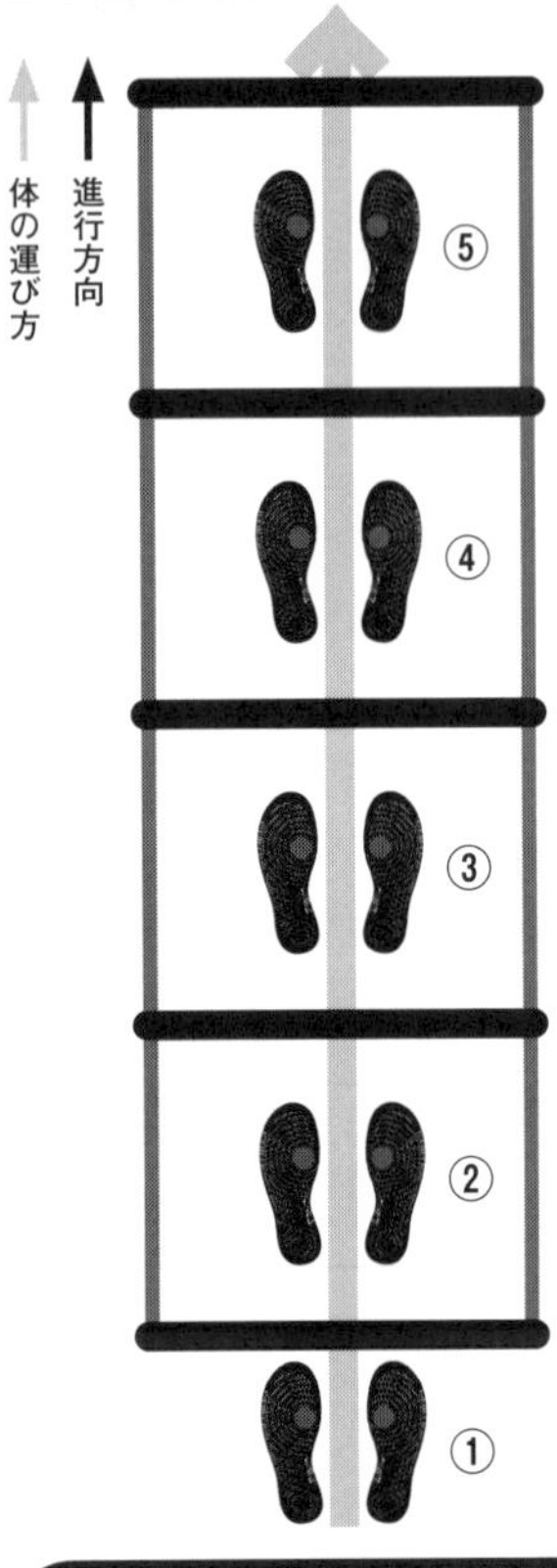

各マス内に両足で着地しながらジャンプで前に進みます。基本姿勢を保ったまま、着地時にひざを曲げ過ぎないように意識する。

Traning Point

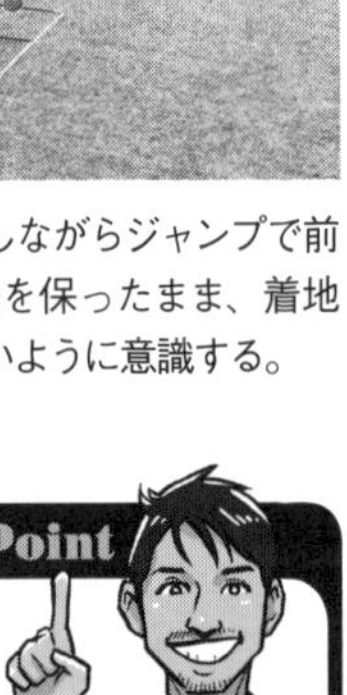

腕の使い方が重要です。着地と同時に両腕をグッと後ろに引き、振り上げる力を加えることで、素早く高くジャンプすることができます。

基本のステップ　両足左右ステップ

体の向き  正面

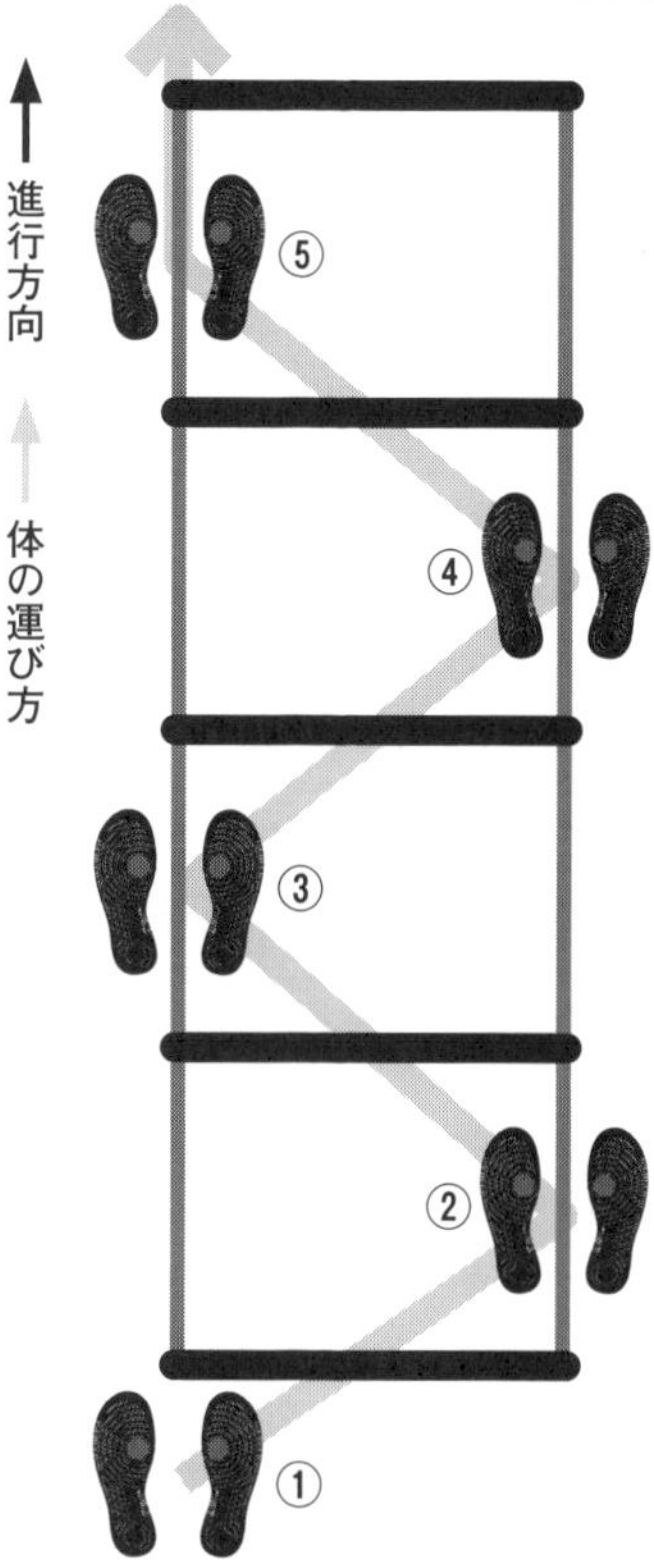

1マスごとに右端と左端のラインをまたぐ形で、斜めに両足ジャンプで進みます。着地のたびに止まらずに連続でジャンプします。

Traning Point

足のスタンスを保ち、足先で地面をとらえて、反発力を次のジャンプに生かします。上下左右に動いても体の軸をブラさず行いましょう。

基本のステップ サンバステップ

体の向き 正面

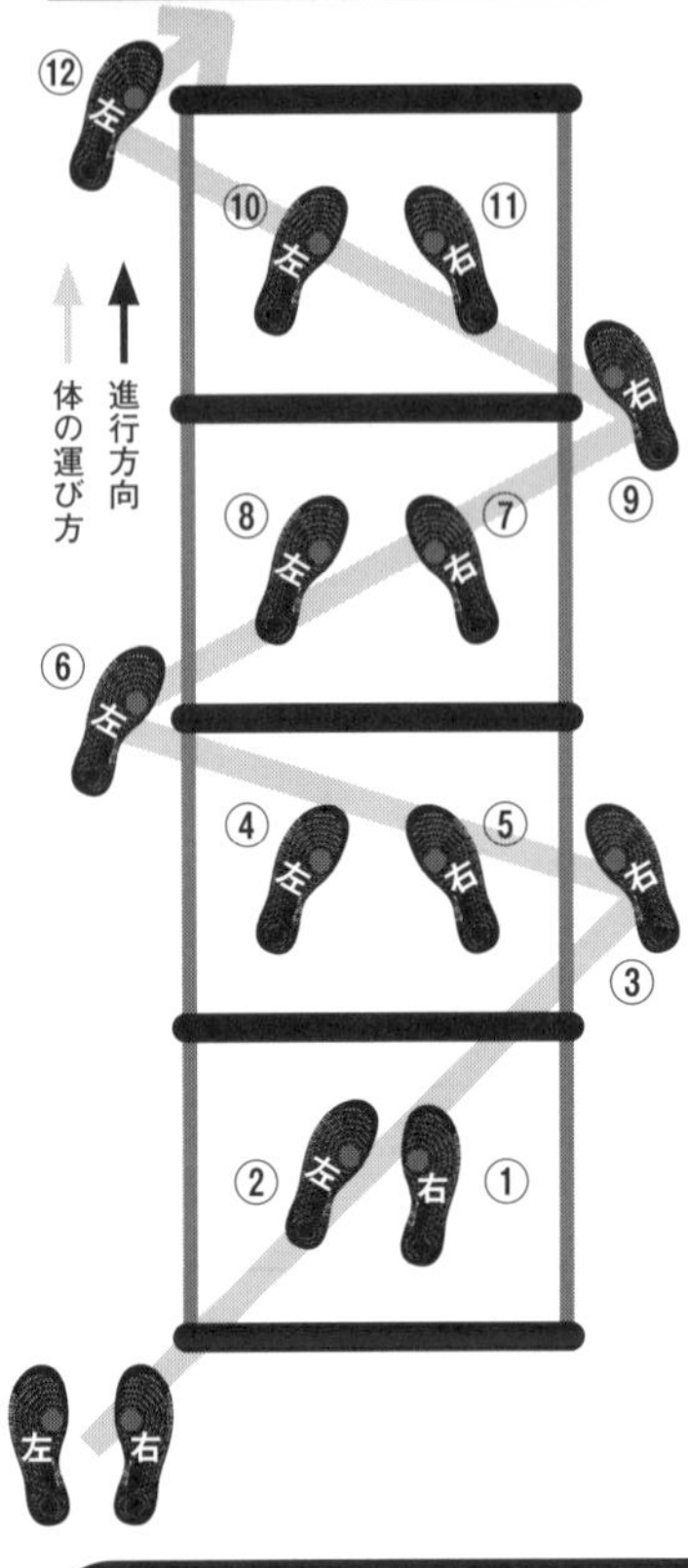

左図に示した順番でステップし、左右交互に素早く移動しながら進みます。基本のスタンスを変えずに、リズムよく足を運びます。

Traning Point

ラダーの枠外に踏み出す足を少し内向きに接地します。そうすることでひざがロックされ、反発力を次への動力へと変えられます。

Let's Training

ラダートレーニング

オフ・ザ・ボールの動きに生きるステップ

足と体の使い方を身につけて捻転力を養う

オフ・ザ・ボール（ボールを持っていない状態）の動きでは、状況に応じて素早い方向転換が多く求められます。そもそもこの動きの目的はマークに付くＤＦを振り切り、足元でボールを受けたり、相手の裏でボールを受けたりすることです。そのために縦の動きと横の動きを巧みに組み合わせてターンするなど、ＤＦを翻弄する「足の運び方」や「体の使い方」を身につけなければいけません。

２方向の動きを組み合わせるには、細かな足の運びと同時に、進む方向へとスムーズに腰を捻転させる動作を体で覚えることが必要です。例えば、顔は進行方向に保ったまま、腰だけ回転させて前や横に進むようなステップのトレーニングです。

体を捻転させる感覚をつかんだら、オフ・ザ・ボールに代表される「プルアウェー」という動きをラダートレーニングに取り入れて試してみましょう。腰をひねる動作は基本姿勢が崩れやすいため、ブレないように意識して丁寧に行いましょう。

オフ・ザ・ボールの動きに生きるステップ

両足回転ジャンプ ~前(顔の向きに進む)~

体の向き 正面

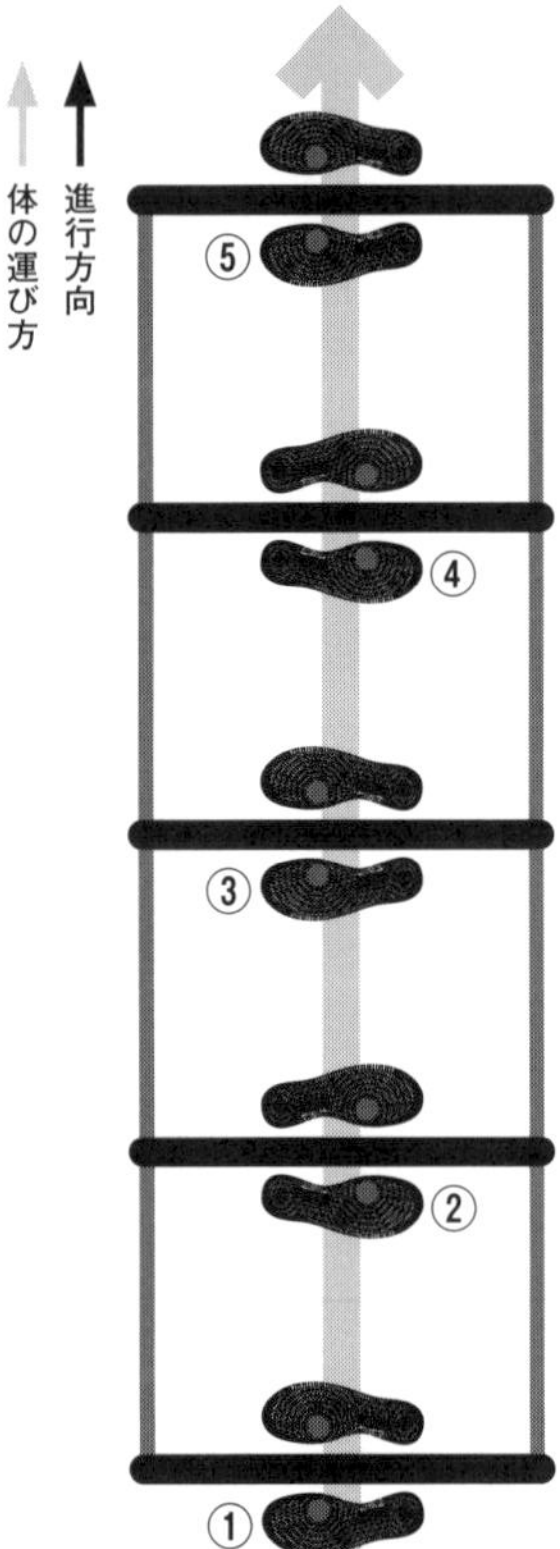

顔を前に向けた状態で、腰だけをひねり足先の向きを180度変えるようにジャンプします。両足で各マスの境目をまたぐ形で進みます。

Traning Point

前方向への両足ジャンプは足の向きが斜めになると反発力が弱まります。足先がしっかり180度回転している状態を確認しましょう。

オフ・ザ・ボールの動きに生きるステップ

両足回転ジャンプ
～横(顔の向きに対して左右に進む)～

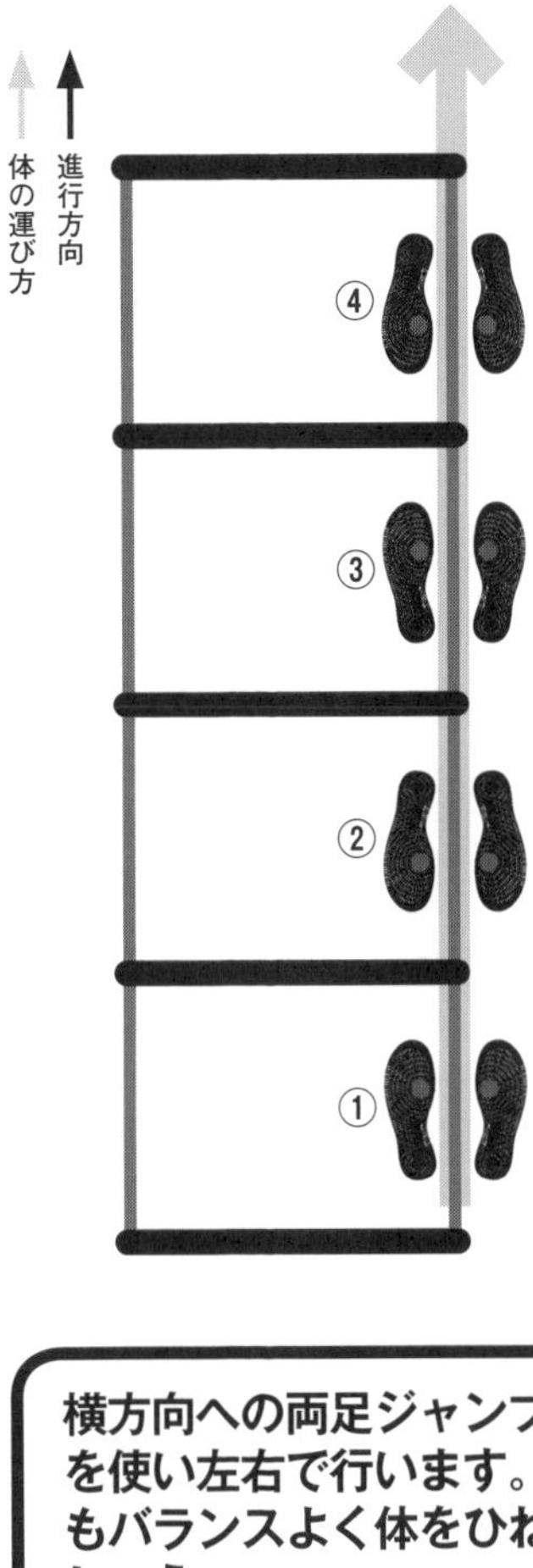

両足回転ジャンプ～前～とは進む方向を変えて行います。進行方向につま先、かかとを交互に向けるように腰を回転させて進みます。

Traning Point

横方向への両足ジャンプはラダーの両端を使い左右で行います。どちらの方向でもバランスよく体をひねり反発力を得ましょう。

オフ・ザ・ボールの動きに生きるステップ

プルアウェー・ステップ

体の向き 正面

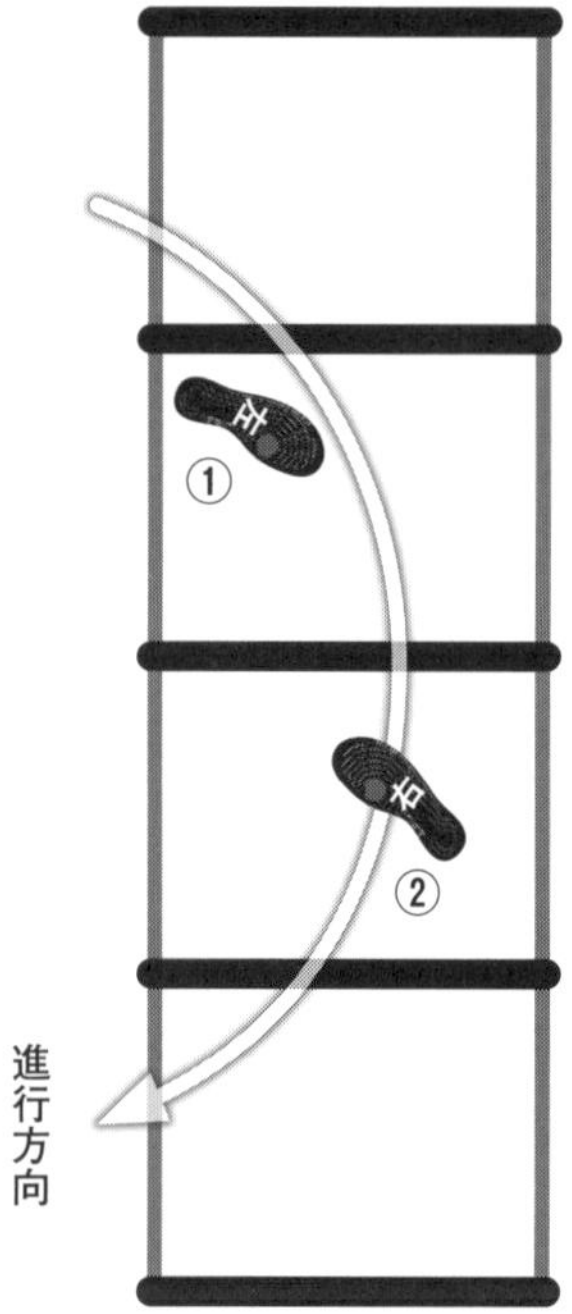

実際のプルアウェーと同じように足をクロス（交差）させるステップ練習です。１歩目の反発力を使い、２歩目は逆向きに接地します。

Traning Point

腰をひねり、足を交差させて進む動きをマスターします。足先を進行方向に向け、ボールを受けやすい体勢を作る意識を持ちましょう。

Let's Training

ラダートレーニング

ドリブルに生きるステップ

先に添え足を出してボールを運ぶ感覚を持とう

ドリブルは「ボールを蹴り足で体の前方に押し出して進む」のではなく、「先に『添え足』をボールの横に着き、蹴り足で前に持ち出すように進める」という感覚が大事です。

本書でいう『添え足』とは、一般的に言われる軸足のことです。軸足という表現は「ボールの横に強く固定するイメージ」があるため、私はドリブルやキックの技術指導では、この添え足という言葉を使っています。

試合中、ボールを前方に押し出すドリブルでは、ボールとの距離が広がり、コントロールが難しいのに加え、相手の足も届きやすい状態となります。対して、「添え足」を先に進め、後から遅れてくる蹴り足でボールを持ち出せば、必ず自分の間合いの中にボールが収まった状態が作れるため、相手にボールを取られる心配はありません。また、コントロールミスをしても自分に近い場所にボールが転がるため、リカバリーすることができます。この項目は、その感覚を身につけるためのステップ練習です。ボールを扱うイメージで行うラダートレーニングは、リズムを意識して行いましょう。実際にドリブルでDFをかわすときには、自分のタイミングでリズムを変えることが必要だからです。

ドリブルに生きるステップ アウトサイド

体の向き 正面

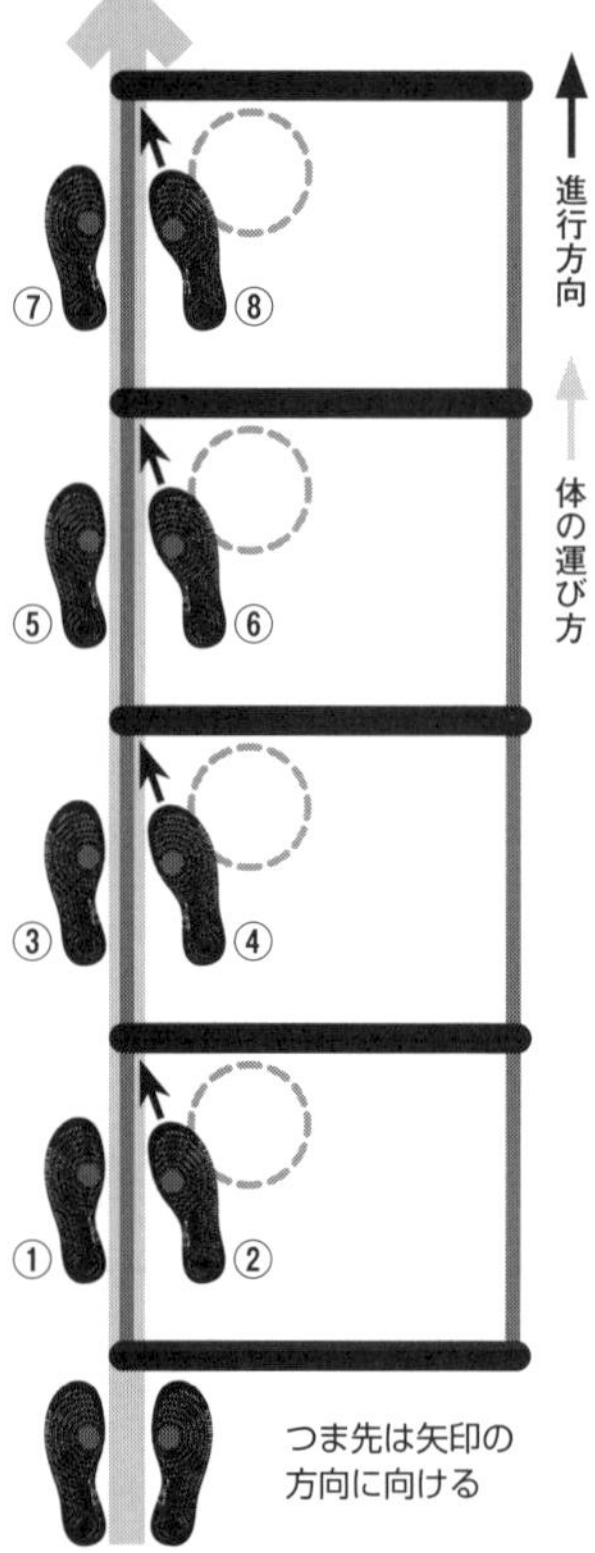

仮想したボールをアウトサイドで扱うイメージで行います。スイートスポットを意識しながら、左右それぞれの足で練習しましょう。

Traning Point

足の中指から薬指のやや上をスイートスポットと言います。このポイントに当てながらボールを運ぶイメージで行います。

ドリブルに生きるステップ　アウトサイド&インサイドステップ①

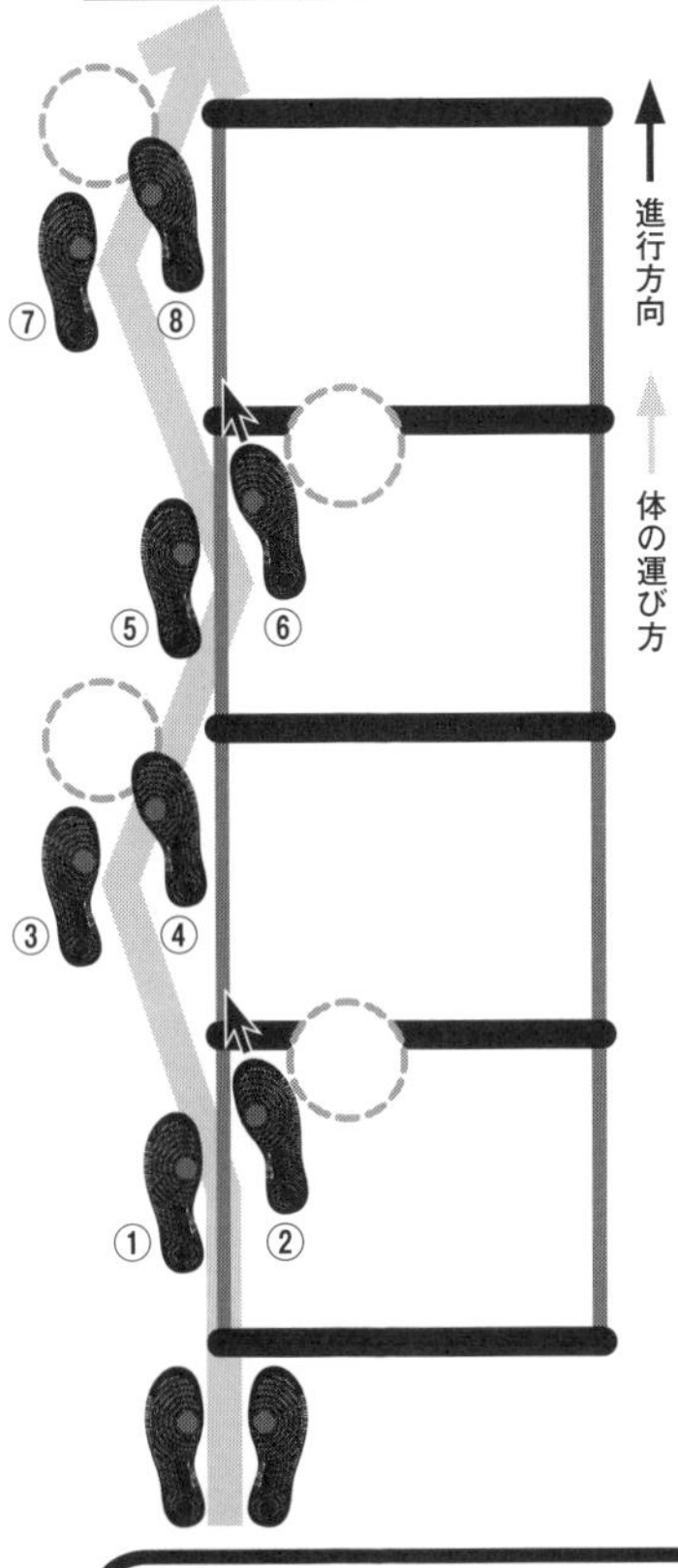

仮想したボールをアウトサイドとインサイドで交互に扱うイメージでステップします。

「添え足」となる側の足は、進行方向に真っすぐに向けます。蹴り足につられて左右に傾くと、ブレーキがかかってしまうので注意しましょう。

ドリブルに生きるステップ　アウトサイド&インサイドステップ②

体の向き  正面

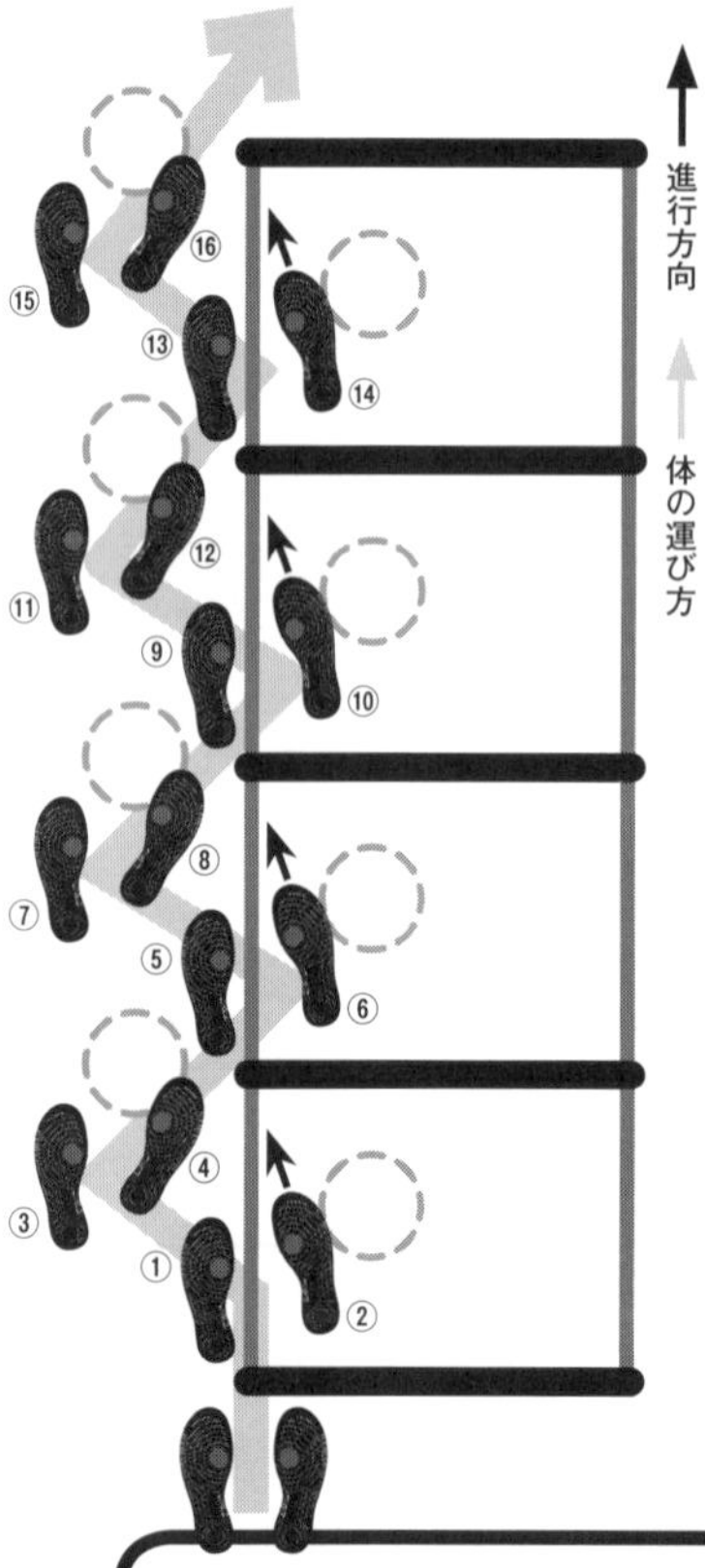

「アウトサイド&インサイドステップ①」と基本的な方法は同じですが、1マスの間にアウト&インの2ステップを踏んで行います。

Traning Point

1マスでアウト&インと細かく2ステップを踏むため、添え足の置き場所が大事です。足のスタンスを保ち、素早く足を運びましょう。

Let's Training

ラダー
トレーニング

シュートをイメージしたトレーニング

添え足の方向と安定感をしっかり保とう

シュートをイメージして行うトレーニングでは、当然ですがボールがあるつもりで蹴り足をしっかりと振ることが大切です。しかし、このシュートトレーニングでは、蹴り足以上に、「添え足」をバランスよく運ぶ動きがポイントになっています。

「添え足」のつま先は、ボールをキックする方に向けます。そして、足裏全体で地面をとらえて安定させ、1マスごとにしっかりシュートするイメージを持って動きましょう。

次のマスに移るときはしっかりと地面をとらえた「添え足」で、そのまま地面を蹴り出して、次への動作にパワーを移行するようにします。

地面を蹴り出すときは、ひざを軽く曲げてバランスを取りながら、上半身も大きく動かし、手と足を連動させます。「添え足を置く→地面を蹴り出す→前に進める」という一連の動作をテンポよくリズミカルに行いましょう。

このメニューで添え足の感覚が磨ければ、実際にボールを使ったシュート練習でも、その効果を実感できます。

シュートに生きるステップ

インサイドシュート

体の向き 正面

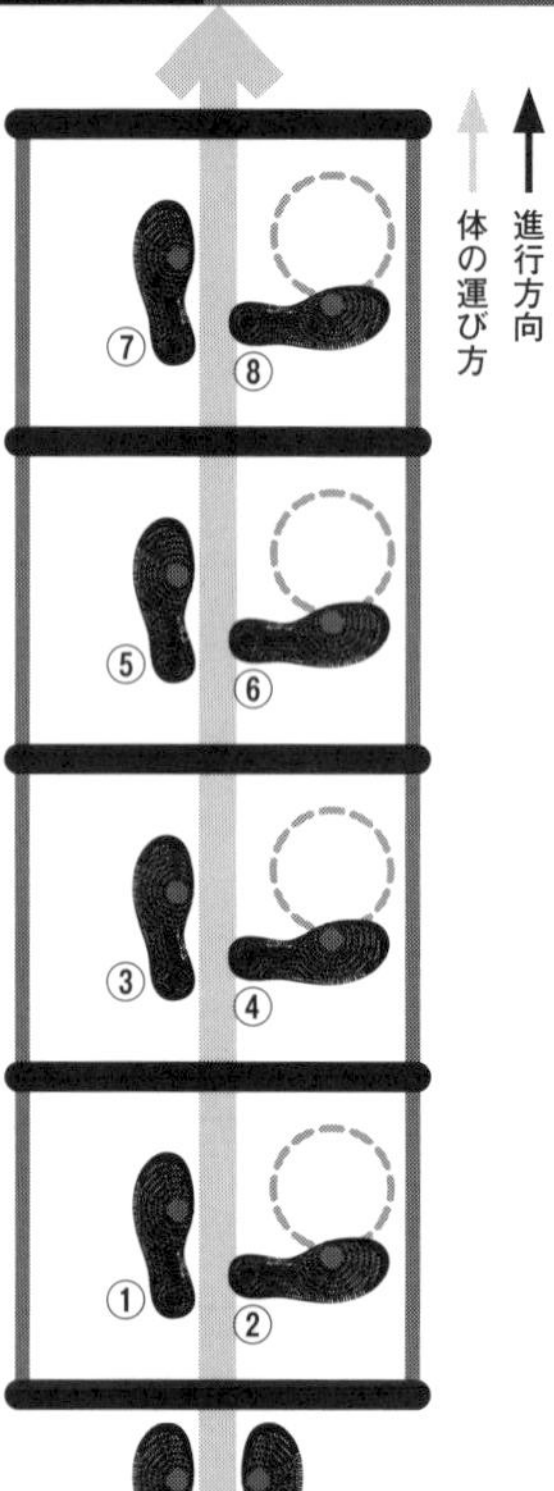

インサイドでボールを蹴るように１マスずつ進みます。「蹴り足」は添え足に対して直角にします。

Traning Point

蹴り足のつま先を外に向けて、添え足に対して90度になることを意識しましょう。

シュートに生きるステップ　アウトサイドシュート

体の向き

正面

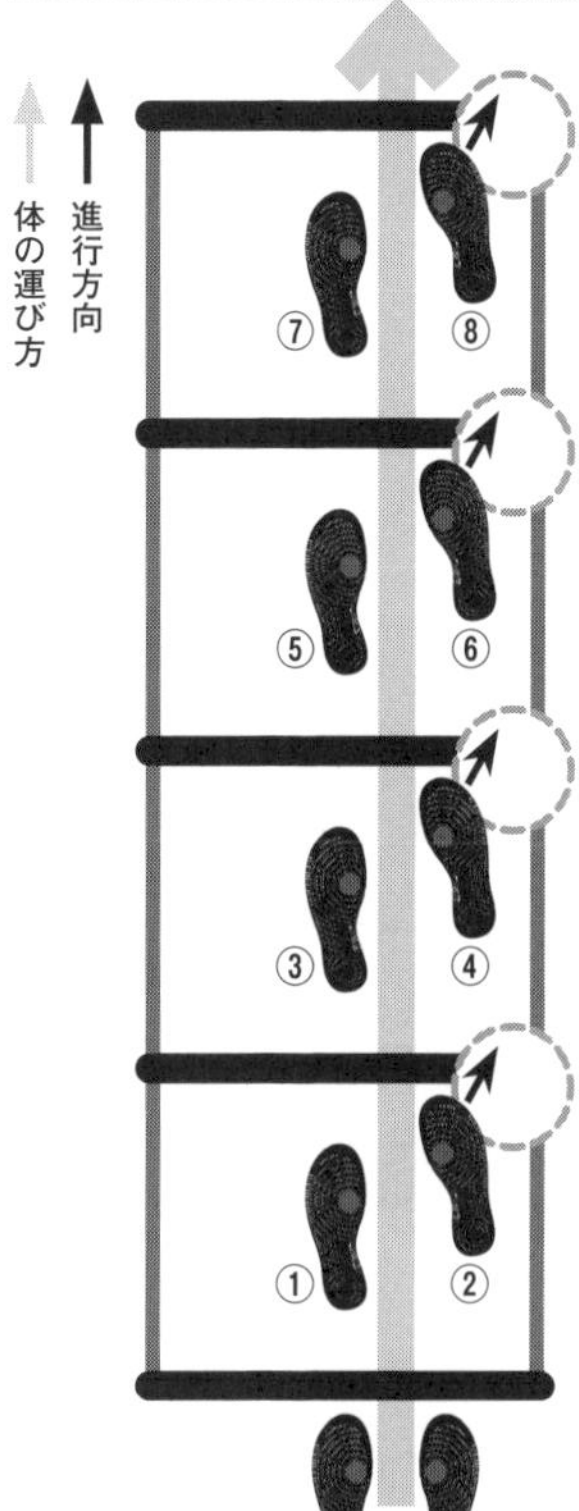

1マスごとに、アウトサイドでボールを蹴るようにして進みます。「蹴り足」は、マス目の角に向けてひざから下を振り抜きましょう。

Traning Point

添え足に対して、蹴り足は斜め前方に角度を作って振ります。足元ではなく、蹴り足を振った先にボールがあるイメージで行います。

シュートに生きるステップ インステップシュート

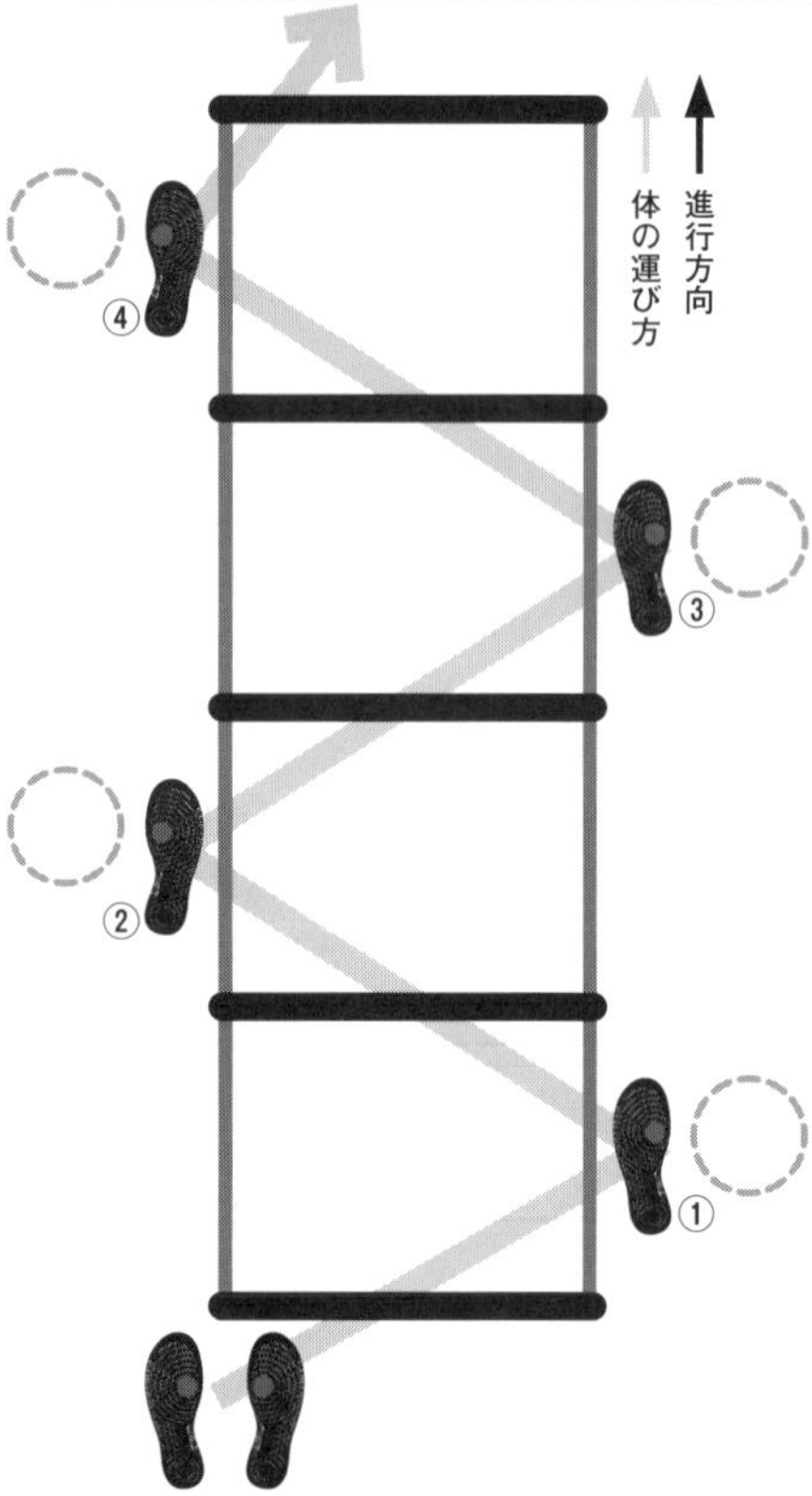

ラダーを斜めに跳び越える形で、マス目の外側に添え足を着きます。両端に置かれたボールを左右交互にキックするイメージで行います。

ちょうど1マスの横幅分、添え足を踏み込んでキックする形を作ります。「添え足」はつま先を進行方向に向け、安定させましょう。

Let's Training

チューブトレーニング

しなやかさ&調整力を高める！ チューブトレーニング
体のバランスとコーディネーションを鍛えよう

柔軟性に富んだゴム製のトレーニング用チューブは、使い方次第で多様なトレーニングに活用できます。例えば、足裏に引っ掛けて足先を上下に動かせば足首を鍛えるトレーニングになりますし、両足に巻いた状態でステップを踏めばバランスを養うトレーニングにもなります。このようにチューブの伸縮する特徴は、特に体のバランスを保つ力、また崩れてしまったバランスを元に戻す調整力を高めるのに効果を発揮します。

自由な角度で、軽い負荷を与えられるので、普段あまり使わない細かな筋肉を運動させたいときや、リハビリなどにも役立ちます。同様にインナーマッスルを刺激して、体幹部を鍛えるときにも多用されます。子ども用から、エキスパート用まで、サイズや柔軟性の違うものが比較的安価で手に入りますので、用意しておくと便利です。

「TRE2030 ストライカー・アカデミー」では、小学生の運動能力向上を目的に、最適な負荷設定がされている『Finoa シェイプリング・チャレンジ（木場克己トレーナー監修）』（市販品）をジュニア用トレーニングに使用しています。

Let's Training

チューブトレーニング

フットバックチューブ

チューブを使って足の背面を刺激しよう

あおむけの状態で、片足を上げて、足裏にチューブを掛けます。足裏でチューブを引っ張りながら、脚全体の角度をゆっくり10度ずつ傾け、その過程で脚のどの部分が刺激を受けているかを確かめます。体の右側に90度倒したら、10度ずつゆっくり最初の位置に戻し、次は左側に倒していきます。チューブを使うことで、足裏、かかと、アキレスけん、ハムストリングス（太ももの背面の筋肉）へと続く脚の背面側全体に適度な負荷を与える運動が1人で行えます。脚の角度を変えることで、脚への負荷が変化し、普段使わない筋肉に刺激を与えられます。アスリートの体は、前後左右とバランスよく適度に鍛えるのが理想です。例えば、ＭＬＢ（メジャーリーグベースボール）で活躍するダルビッシュ有選手は右でも左でもボールを投げて調整を行うと聞きます。普段は、比較的使用頻度の低い足の背面を鍛えることで、全身の動作やキックへの相乗効果が期待できます。特に試合前のアップときに脚全体を刺激しておくことで、脚はスイッチが入った状態となり、パフォーマンスアップが望めます。また、「フットバックチューブ」はけがの発見にも役立ちます。脚の角度を変えたときに、生じる痛みによって、トラブルに気付くことにつながります。

1

2

3

脚を上げた状態から右に倒して戻し、次に左に倒して戻します。このとき、ひざを曲げずに脚全体を伸ばしたまま動かすことが大事です。急がず、ゆっくり行いましょう。

Traning Point

足裏でチューブを伸ばし続けることがポイントです。チューブがゆるんだ状態では効果が得られません。

Let's Training

チューブトレーニング

シザースチューブ

チューブを使ってシザースを身につけよう

両足首にチューブをかけ、外側に突っ張った状態で、左右交互に片足を外側に回します。ボールをまたぐ「シザース」フェイントの感覚を養うトレーニングです。これは片足立ちの状態で、慣れない負荷がかかるため、最初はゆっくり行いましょう。

シザースチューブは、ラダーと同様に「添え足」がポイントです。つま先で地面をしっかりととらえなければ、体を支えられません。かといって、かかとまで地面につけてしまうと、次の動作に移るのが遅くなってしまいます。きちんとつま先重心を保ち、体の軸を安定させることが大切です。そうした意味で、このトレーニングは、「添え足」の力を養うことにも適しています。

また、外側にまたぐ足はチューブの負荷に逆らって動かすため、足の付け根周辺に刺激を与え、股関節の可動域を広げるのにも役立ちます。動きに徐々に慣れてきたら、シザースを素早く行えるようにチャレンジしましょう。このフェイントは多くのプロサッカー選手が活用している技ですので、ぜひ実戦で使えるように自分のものにしましょう。

training

ボールをイメージして、その外側を回すように足を動かします。
体の軸がブレないように安定感を意識します。

Traning Point

またぐ足の勢いに負けない「添え足」を養うことが大事です。バランスを保つしなやかさを身につけましょう。

Let's Training

チューブトレーニング

股関節回しチューブ

チューブを使って股関節の可動域を広げよう

シザースチューブと同様に、両足首にチューブをかけ、片脚ずつ外回し、内回しを行うトレーニングです。股関節への刺激を高めるためにシザースチューブのときよりもひざを高く上げた状態でチャレンジしてみましょう。外回し、内回し共にゆっくりと股関節をしっかりと動かすことに意識を集中しましょう。

この動作はシュートに必要な股関節、お尻周りに効果があります。初めは無理に大きな円を描こうとしなくても構いません。できる範囲で徐々に大きく回していき、自分に合った負荷でトレーニングを行うことが重要です。特に小学生の間は大きな負荷にチャレンジすることよりも、自分の体と向き合い、「どう動かせば、どの部分に刺激があるか」を知ることが大事です。このトレーニングでも、お尻と股関節にどのように刺激があるか意識しながら行いましょう。

また、このトレーニングでは「添え足」で体を支える能力が、さらに必要になります。足裏全体でしっかり地面をとらえ、バランスをキープすることが重要です。足を回すときに、重心の位置がグラついてしまうとチューブの伸縮する力を支えられません。かかと重心にならないように、心がけてください。

チューブの負荷を感じながら、ひざを上げて脚を回します。
細かい角度でどこに刺激があるかを気にかけましょう。

最初は片足で立ちバランスを保つことが難しければ、支えになるものを使いましょう。

Traning Point

体の軸が前後、左右にブレないように「添え足」で支えましょう。少しひざを曲げることで、より体を安定させることができます。

Let's Training

チューブトレーニング

片足ジャンプチューブ

チューブ付き片足ジャンプで安定力アップ

両足首にチューブをかけた状態のまま、片足ジャンプを左右交互に行うトレーニングを2パターン行います。

一つ目は、右足を上げながら、左足で右方向側にジャンプし、右足を着地します。二つ目は、左足を上げながら、右足で右方向に跳んで、左足を着地します。どちらも地面に足が着いたときに、「バランス」と「調整力」が必要になります。

このトレーニングはバランスを崩しやすいため、体を起こそうとする調整力が鍛えられます。どちらのパターンも、着地したときに浮いた足の方が重いため、そちらに傾こうとします。その勢いに負けないように「添え足」の足裏全体でしっかり地面をとらえ、体がブレないように支えましょう。そのとき、ひざが伸びた状態では、重心移動による力を支え切れないため、適度にひざを曲げて左右のブレを調整します。

片足ジャンプから片足で着地するまでの一連の動作は、ゆっくりと行いましょう。速いスピードで繰り返すと、体の動きを補正する力が発揮される間がなく、トレーニングの意味がなくなってしまいます。

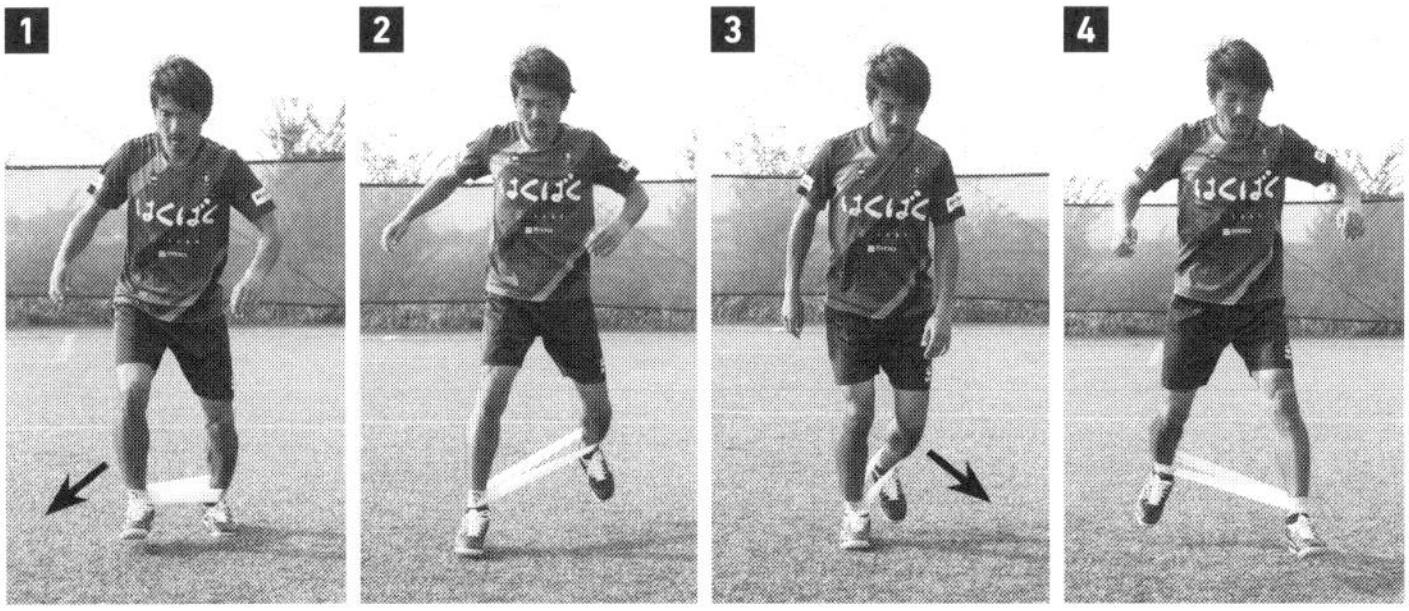

左足で右側にジャンプし、右足で着地します。
シザースに近い基本形です。ゆっくり丁寧にジャンプしましょう。

左足で左側にジャンプし、右足で着地します。
足を交差させるような形で動かして、体も少し回転させます。

Traning Point

基本形で「バランス」「調整力」を養い、次に体を「ひねる」動きを加えた発展形で感覚を磨いてきます。

Let's Training

チューブトレーニング

シュートチューブ

チューブを活用してシュートバランスを培う

このトレーニングは、シュートフォームを安定させることが目的です。両足首にチューブを掛けた状態のまま、シュートの動作をしてみましょう。本当にシュートを打つつもりで「蹴り足」を振り上げ、「添え足」を安定させながら、「蹴り足」を振り抜きます。

最初は、チューブによる負荷でバランスを崩しやすいので、ゆっくりと動作を行いましょう。「蹴り足」はしっかりひざを曲げ、しなやかにひざ下を振り抜くことを意識します。このとき上半身をしっかり使って、上半身と下半身の動きを連動させましょう。

「添え足」は、不安定な状態に負けないように、足裏全体で地面をとらえてきちんとバランスを保ちましょう。「蹴り足」を振り上げるときと、振り抜くときにかかる負荷に耐えることが重要です。

また、「添え足」は、蹴り足がボールをインパクトする瞬間に地面を力強く蹴り出して、軽くジャンプするような形になるのが理想です。そうした動きも意識して加えられると、より効果が高まります。

これにより、「蹴り足」の使い方、「添え足」の安定力というシュートの基礎づくりが効果的に行えます。

「体の軸」が前後、左右にブレないことが大切です。
そのためには、上手に腕を使ってバランスを取りましょう。

Traning Point

「腕を上げる」のと同時に蹴り足を振り上げ、「腕を下げる」力を利用して蹴り足を振り抜く意識を持ちましょう。

Let's Training

縄跳びトレーニング

しなやかさ&調整力 基本姿勢と足先の使い方を身につけよう

最近の小学生は、足指を使う機会が少なくなったことで（外遊びの減少や、小さいうちから靴を履き、舗装された道を歩く生活スタイルの一般化など原因には諸説あります）、足の指を地面に着けない「浮き指」と呼ばれる現象が増えているそうです。この症状は、重心が後ろにかかり、歩行や運動時に指をほとんど使わないため、引き起こるといわれています。そこで、ＴＲＥ式では「縄跳び」を活用して、足先がしっかりと使える「正しい姿勢」を作るトレーニングを取り入れています。

姿勢については、ラダートレーニングの項目でも説明しましたが、縄跳びでも同様に、足裏の前3分の1で地面をとらえてかかとを少し浮かせた状態で立ちます。ちょうど親指の付け根となる母指球の辺りを地面に着いて、軽くつま先立ちになった感覚です。スタンスは骨盤の幅より少し広めに開きます。こうすることで自然に骨盤が前傾し、それに連動して背骨が自然なS字のカーブを描き、肩甲骨も少し開いてきます。これが「基本姿勢」です。できるだけこの姿勢をキープし、縄跳びを跳んでみましょう。「縄跳び」でジャンプする際に「かかと」をつけてしまうと、次のジャンプがスムーズにできません。足の接地時に母指球に意識を置き、基本姿勢、また弾む感覚を体に定着させましょう。

ひざを曲げずにリズミカルに跳ぶ

ひざを曲げ過ぎずにロックすることで、地面からの反発力をジャンプに伝えられます。それを一定のリズムで繰り返し行いましょう。

つま先（母指球ライン）を意識して地面をとらえる

スムーズにジャンプするには、「つま先」立ちが大事です。「つま先で地面をとらえる→反発力を感じてジャンプ」を体で覚えましょう。

縄跳び トレーニング① 正面跳び

「正面跳び」は基本姿勢をキープしたまま、リズムよく縄跳びをします。このトレーニングで大切なのは「つま先立ち」の状態を一定の時間続けながら、「反発力」を感じることです。

「体の軸」を左右にブラさずに、上下に真っすぐジャンプする感覚をつかみます。常に「基本姿勢」を保つためのトレーニングなので、つま先の使い方と体のバランスの両方に意識を集中させましょう。

縄跳び トレーニング② 半身跳び

基本姿勢から、一方の足を軽く前に出して、半身の状態で縄跳びをします。両足のかかとを45度くらい（前足が右足なら右側に、左足なら左側に）振って斜めに構えます。つま先の方向は両足共そろえて立ちましょう。

半身は試合中、パスを受けるときなどに、ゴールとボールなど複数の視野を確保するためにとる姿勢です。この練習は半身で素早く動き出すために行います。

縄跳び トレーニング③ 片足跳び

基本姿勢から片足を上げてキープし、そのまま縄跳びをします。片足ジャンプのバランスを保ち続けることが大事です。「添え足」が鍛えられるトレーニングです。

「添え足」で地面をとらえて跳び、着地した瞬間に反発力を得て再びジャンプ。その繰り返しの中で安定感を身につけましょう。

縄跳び トレーニング④ 片足交互跳び

片足を上げながら、ジャンプごとに交互に添え足を変えます。このトレーニングはリズムを意識することが重要。慣れてきたら少しずつ早く跳びましょう。

1

2

早く跳ぶことばかりに意識が向いてしまい、「基本姿勢」や「つま先」への注意を損なってしまわないように心がけましょう。

Let's Training

体幹バランストレーニング

しなやかさ＆調整力を高める！体幹を使った体全体のバランス感覚を高める

最近は「体幹」という言葉をよく耳にするようになり、ごく一般的になってきました。サッカー日本代表の国際試合でも、大きな体の海外選手に負けない活躍を見せる長友佑都選手（日本代表／インター・ミラノ）は、体幹トレーニングに熱心に取り組んでいることが知られています。彼をはじめ、その他大勢のプロサッカー選手が体幹を鍛えて、軸のブレない体づくりを目指しています。

「体幹を鍛える」というと、筋肉で固めるようなイメージを持ち、少しネガティブな印象を受ける人がいるかもしれません。もちろんプロサッカー選手になれば、必要性に応じて筋肉で体を補強するような狙いを持った選手もいるでしょう。

ですが、「TRE式ストライカー育成メソッド」においての体幹トレーニングは、私がJリーガーのときに行っていた「KOBA式体幹バランス」のトレーニングを採用して行っています。このトレーニングは、筋肉をダイレクトに鍛えるというよりも、「バランスを整える力を養う」ことを目的に行っています。

そもそも「体幹」とは、下腹部を中心としたインナーマッスルの総称です。インナーマッスルは、その名の通り、体表面から見える位置ではなく体の奥にある筋肉のことを指しています。この筋肉は骨格を正常な位置に保ちながら、バランスのよい姿勢を作るための調整をしてくれています。ですので、見た目には分かりにくいかもしれませんが、体にとってはとても重要な役割を果たしています。

ところが、こうした体幹部の筋肉は、バーベルなどの器具を使ったトレーニングでは鍛えることが難しい筋肉です。たまに、テレビなどで体幹トレーニングを紹介していることがありますが、見た目にはとても「地味な」運動だと思います。

例えば、横向きに寝て、手と足だけを使って体を支え続けるような動きです。ただ、一定の姿勢をキープしたり、片足でジャンプしてバランスを崩さないように着地したり、不安定な場所に片足で立ってボールをキャッチしたりするようなトレーニングを、着実に続けることが、安定した体幹部を獲得することにつながります。

不測の事態が起こってもバランスを崩さず、バランスが崩れたとしても立て直す体づくりを行うのが、「体幹バランストレーニング」です。ボールを使った練習などと比べると、地味で、やや単調な動きのトレーニングなので、小学生の子どもたちでも飽きないようにさまざまなメニューを考えています。

本書では、トレーニングの主旨を伝えることが目的であるため、シンプルな内容を紹介していますが、練習を行う年代に合わせて、鬼ごっこや競争などを取り入れて楽しくトレーニングをする工夫をしてみてください。

体幹バランストレーニング① 両足跳び片足バランス

60ページで説明した基本姿勢から両足でジャンプし、空中で90度向きを変えて片足で着地します。ジャンプしながら体をひねる動きと、着地時のバランスがポイントです。

1

「体の軸」が左右に傾くと、バランスを崩しやすいので、頭を体の中心に置いて真っすぐに保ちましょう。着地時はひざを曲げ、体を安定させましょう。

2

3

体幹バランストレーニング② 片足キャッチボール

２人１組になり、片足立ちのままキャッチボールを行います。ハイボール、バウンド、体の左右へのボールと互いに球種を変えながら投げ合います。体勢を崩さないように、どんなボールもうまくキャッチしましょう。

1

キャッチするときは、ボールの軌道に合わせてバランスを保つことが求められます。ボールだけでなく体の軸にも気を配りましょう。

2

ボールは手だけで投げようとするとコントロールや、球種の使い分けが難しいので、ひざを曲げながら体全体を使って投げましょう。

体幹バランストレーニング③ バンザイ片足しゃがみ

基本姿勢でバンザイした状態から重力を利用してしゃがみ込み、片足で体を支えます。急激な体勢の変化への対応力を磨き、バランスを崩しても、それを立て直して耐える力を養います。

1

手を上げてバンザイします。そこから動きにメリハリをつけて、一気にしゃがみます。ゆっくりしても着地時の練習になりません。

2

つま先とひざが内側にならないように真っすぐ前に向ける。

着地したときは全身のパワーが一気に片足にのしかかってくるため、体勢が崩れないようにバランスを保ち、調整することが大切です。

体幹バランス トレーニング④ 正座ジャンプ

地面に正座した状態から、体全体を使って真上にジャンプして両足で着地します。ジャンプ時は腕を大きく振り、体が伸び上がる勢いと、ひざ下で地面を押す力を使います。

1

腕と体と足をうまく連動させ、上にジャンプすることが大事です。体の軸がブレないように着地まで真っすぐに保ちましょう。

2

3

体幹バランストレーニング⑤ 正座ジャンプ片足着地

正座ジャンプの着地を片足で行います。片足で着地するため、バランスを保つ力が必要です。体の軸が左右にブレないように、真っすぐ保ちましょう。

1

着地時は不安定な状態になるので、ひざを曲げて、しっかりと体を安定させましょう。体の軸を真っすぐに補正する力を養います。

2

3

体幹バランストレーニング⑥ リンボーダンス

縄跳びなどを使って、障害を作ります。その下を、体を反らして進みくぐり抜けるトレーニングです。クリアーしたら高さを低くして挑戦しましょう。体全体の連動性を意識できるので、おすすめです。

ポイントは体を反りながら「つま先立ち」で体のバランスを保つこと。体をしっかり後ろにしならせて、柔軟性を養うトレーニングにもなります。

体幹バランストレーニング⑦ 四つばい走り

地面に手と足をついて「四つんばい」になります。そのまま前後、左右、斜めといろんな方向に素早く進みましょう。鬼ごっこをすると楽しくトレーニングできます。

手足をバランスよく運び、体の動きと連動させましょう。全身を使わずに腕と足で進もうとしても、素早く動き回ることができません。

体幹バランストレーニング⑧ 背面四つばい走り

あおむけの状態で「四つばい走り」をします。これは、普段、あまり経験しない動作で体の背面を刺激することが目的です。慣れるまでは、無理に素早く動かずに、ゆっくりと動きましょう。

1

2

3

体の使い方に意識を集中するのがポイントです。どの手を動かしたときにどの足が連動しているかを一つひとつ確認してみましょう。

ディフェンダー（DF）から見たストライカーというポジションとは？

元Jリーガー・杉山新に聞く

DFから見たらゴールに向かうストライカーが一番嫌な存在！

――DFから見た場合、ストライカーとは、どんな存在なのでしょうか？

「私は『動き』で勝負するストライカーが嫌でした。『動き出しの早さ』と『動き直しの意識の早さ』を持っている選手は、ボールの流れに応じて絶えず、さまざまな仕掛けを行います。そうすると、DFはストライカーとボールの位置と味方DFの位置など、複数のものを見ながらプレーしなければいけません。ですから、『どんなことを狙っているのか』と頭を使うプレーが要求されるので大変です。しかも、彼らはDFの背後のスペースを常に狙っています」

――具体的には、どんなことを狙っているのでしょうか？

「つまり、ゴールに対して数多くの動きを仕掛けてくるということです。例えば、そうした仕掛けに対応するために、DF

column 2

は自陣のゴールに体を向けざるを得ない状況が生まれます。そういう状況では、パスを出す選手が確認できませんし、パスを出すタイミングも図れません。DFにとって、守備の対応策を練りやすいのは、ストライカーと1対1で対峙することです。そうすれば、ストライカーもボール保持者も常に視野にとらえることができるため、どの守り方がベストなのかを判断しやすいのです」

——1対1でボールを奪おうとするとき、何を目安に守っていますか？

「『距離感』です。具体的にいえば、1歩で届く範囲に相手をとらえられているかどうかです。その距離を保つことができれば、ストライカーが隙を作った瞬間にボールを奪うことができます。逆に攻撃の選手がDFを抜くためには、ボールを奪いにくるDFの足が届かないところに、ボールを持ち出さなければいけません。ストライカーも、常にDFとの距離感は図る必要があります」

——仕掛けるスピードも大事ですね。

「やはり、スピードが速いストライカーはDFにとって厄介な存在です。それは走る速さもありますし、方向転換の素早さなどもあります。状況や環境に左右されず、スピードを発揮できる選手は嫌です。昔、川崎フロンターレに所属していたジュニーニョ選手は、私が驚いた選手の一人です。彼は、雨の日のぬかるんだピッチでも体がブレなかったですし、トップスピードを保ちながら素早くターンしていました。体幹の強さを感じたことを覚えています」

——そういうことを考えると、ストライカーにはフィジカルが必要です。

「マークする相手との勝負に勝たなければならないですし、プレッシャーを受けながらシュートを打たなければなりません。ですから、どんな状況でもバランスを保ち、DFをかわす動きが仕掛けられるステップワークなど、ストライカーにとってフィジカルは大事です」

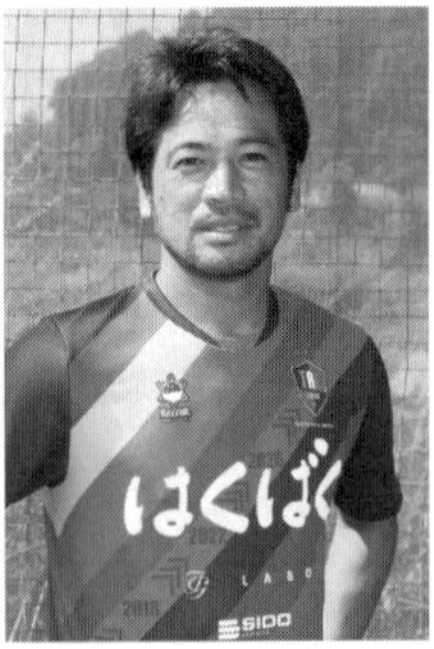

杉山新
（すぎやまあらた）

1980年生まれ。埼玉県出身。現役時代は柏レイソル、ヴァンフォーレ甲府、大宮アルディージャ、横浜FC、FC岐阜でプレー。2003年に1型糖尿病を発病したが、翌年以降も現役にこだわりプレーを続ける。2015年に引退。現在、「TRE2030ストライカー・アカデミー」でもコーチを務める。

chapter 3

第3章

「心=メンタル&ブレイン」の整え方

GK・DFとの駆け引きを制する
「心理と思考」を磨く

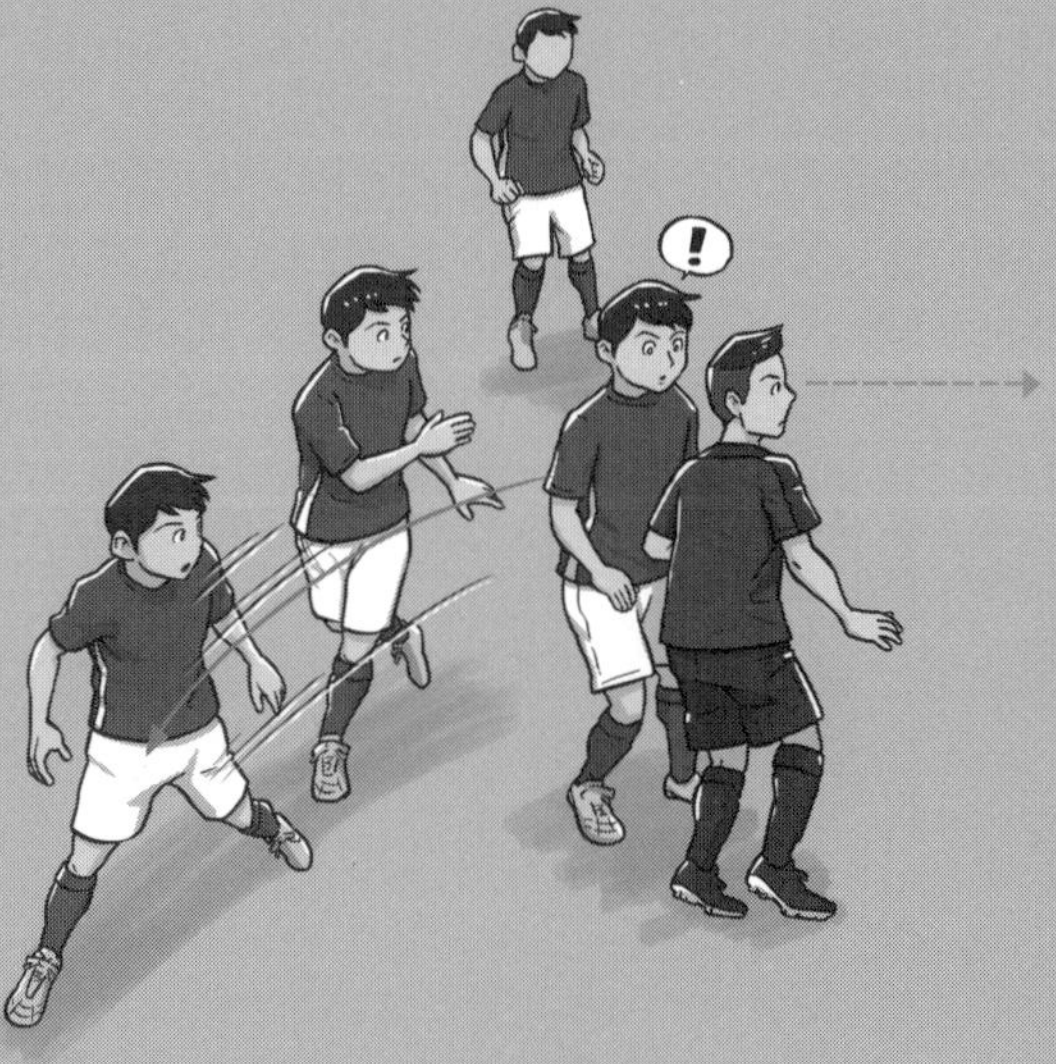

Mental & Brain

1 駆け引きはゴール前の攻防で生きる術 状況に応じて三つの段階に分けられる

この第3章では、私がストライカーに必要であると考える二つ目の要素、「メンタル&ブレイン」について解説していきます。心理学や、一部の科学の研究分野として、「心」は人間の体のどこに存在するのか？ といった議論がなされることがあります。皆さんはどう考えますか？ ある人は「胸」の辺りを指さし、ある人は「脳」にあると考えて、「頭」を指さすでしょう。または、体全体に細胞レベルで存在していると考える人もいるかもしれません。私は、サッカーにおける「心」、つまりメンタル的な要素は、ブレイン（思考）と結びつき、脳が管理していると考えています。自分自身の経験や記憶、それに基づく状況分析といった思考と、DFの心理などを一瞬の間に重ね合わせながら、ストライカーもゴール前で勝負するのです。

第1章の図1-1（23ページ参照）で挙げた「メンタル&ブレイン」に属するいくつかの要素を磨くために、私はさまざまな状況における「駆け引き」を日々の練習で重視しています。

ストライカーにとって、「ゴールへの道筋」が見えているというのは、それを実現するまでの具体的なイメージが頭の中に描かれていることを指します。それは、「シュートスポット（GKとの1対1など、決定的なシュートを狙える場所）」があらかじめ見えていて、「シュートコース」も定まっている状態です。そうなると、残されたステップとして、「どうやってシュートスポットに潜り込むか」がゴールへの鍵を握っていることになります。では、シュートスポットに潜り込むには、どうすればいいでしょう？　そこで必要になってくるのが、ゴール前を守る相手であるDFとの「駆け引き」です。

もちろん、シュートを打つ最終段階でもGKとの「駆け引き」は残っています。ですが、それは最後の仕上げの話です。試合でシュートを打つだけの状況になることは、片手で数えるほどしかありません。ですから、ストライカーは試合の大半をシュートスポットに潜り込むための挑戦に費やすことになります。裏を返せば、巧みなオフ・ザ・ボール（ボールを保持していないとき）の動きや、状況に応じたドリブルによって、守備陣の包囲網をうまくすり抜け、そこにたどり着けるストライカーがゴールチャンスを多く獲得できるのです。

私も小さいころから、「左」「中央」「右」と場所を変えながら何度もシュートを打つ練習を続けてきました。これは、ストライカーとして一番大きな仕事である「シュート」の能力を磨くためです。ドリブルからのシュート、クロスからのコントロール&シュート、ダイレクトシュートなど、ゴールが決まったときは喜びや充実感を感じ、世界レベルの優れたシュートには好奇心をかき立てられ、一人で想像を働かせながら、シュートを打ち続けました。そのためでしょうか、私は現役のころ、ゴール前が一番落ち着く場所でした。他のポジションの選手は、相手チームと味方が入り乱れるゴール前に立つと焦ってしまうことが多いようですが、長くストライカーを務めている選手は、その場所でたくさんの練習を重ねてきているため、むしろワクワクします。

もしゴール前に走り込み、「ゴールへのイメージが湧かない」「シュートへの流れがどうもしっくりいかない」という場合は経験不足か、練習不足が原因です。それが小学生なら、シュートそのものの経験不足、もしくはそのシュートスポットからの練習不足のどちらかでしょう。

また、いつもはそんなことがないのに、試合中に突然、その状況に陥ったというような

3-1 ストライカーのシュートスポット

シュートスポットは、ゴールへの角度によって左、中央、右と大きく三つのエリアに分けて意識する。幅はペナルティーエリアの縦ラインを、距離はペナルティーアークの頂点を目安にすると、シュートスポットの大きさや、位置関係、シュートのイメージをつかみやすい。

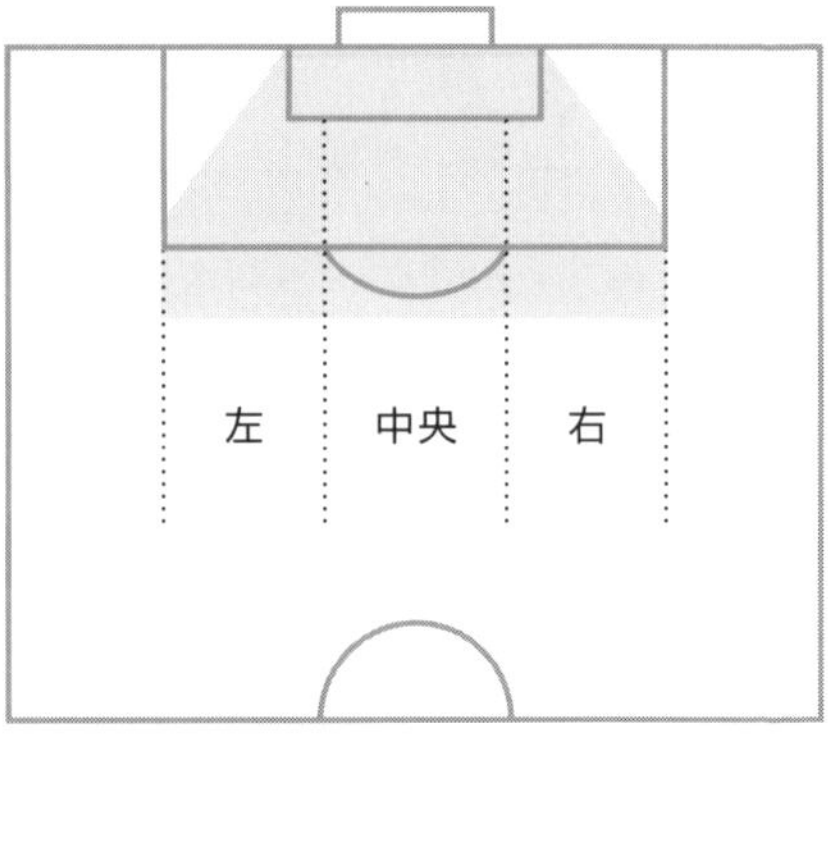

場合は、ゴールへのイメージを「作り直す」必要があります。何かしらの原因で、イメージにズレが生じているため、動き直しをして、またシュートスポットを探すことからやり直さなければいけません。自分が落ち着くシュートスポットを見つけることが、何度もシュート練習を繰り返してきたイメージと一致させる最善の方法です。そうした取り組みを続けることで、イメージがより固まっていき、ゴールを決めやすい得意な形や場所も見えてきます。

図3－1ストライカーのシュートスポット（114ページ参照）は、「TRE式ストライカー育成メソッド」の中で目安にしているシュートスポットを大まかに表したものです。ストライカーは「駆け引き」を駆使してシュートスポットに、「ボールと共に自力で侵入」、もしくは「フリーでパスを受ける形を作りながら侵入」しなければいけません。この場所にシュートのイメージを持ちながら入ることさえできれば、残りはシュートを打つ際のGKとの勝負を残すのみです。このようにシュートスポットに侵入して、ゴールを決めるまでの過程を逆算的に考えると、次のAパターン、もしくはBパターンのような局面に分けられます。ただし、あくまでも数多くのゴールが決まるまでに事例として挙げた二つのパターンなので、すべてのゴールがこれに当てはまるわけではありません。

ゴールまでの逆算
パターンA

◎**ゴールが決まった!**
⬇シュートを打つ
⬇シュートスポットへの侵入に成功
★⬇DFをかわした
⬇ドリブルでボールを保持 or パスされたボールをコントロール
★⬇パスを受けた
⬇ボールを足元に収める形 or ボールをスペースで受ける形
⬇マークを外す動き

ゴールまでの逆算
パターンB

◎**ゴールが決まった!**
⬇シュートを打つ
⬇シュートスポットへの侵入に成功
★⬇パスを受けた
⬇ボールを足元に収める形 or ボールをスペースで受ける形
⬇マークを外す動き

※実際の試合では、こぼれ球などを拾って★印の部分に直結する場合もあります。

こうした局面の中、どんな形の「駆け引き」が必要になるのかを抜き出すと、次の三つとなります。

▼ゴールを決める駆け引き（シュートを打つ局面）
▼DFをかわす駆け引き（ボールを保持する形でシュートスポットに侵入する局面）
▼ボールを受ける駆け引き
（マークを外してパスを受ける形を作りシュートスポットに侵入する局面）

このうちの、「ゴールを決める駆け引き」から、まずは説明していきましょう。この駆け引きは、シュートを打つときにGKと1対1になった状況で行うものです。ゴールを狙ってシュートを打つ選手と、それを防ごうとする選手の1対1の勝負。これは、まさにサッカーの原点ともいえるものです。ですから、私はサッカーを始めて間もない小学1～2年生の時期に、サッカー選手としてのゴールの喜びや充実感をたくさん経験し、この駆け引きのベースを身につけてほしいと考えています。また、この年代は身体的な成長があまり進んでいないため、なかなか強いシュートが打てません。ゴールに最も近い場所で行われるこの駆け引きは、そうした面でもこの年代でトレーニングすることが最適です。

次は「DFをかわす駆け引き」についてです。これは、シュートスポットにボールと一緒に侵入、つまり、自分がボールを保持した状態から目の前にいるDFをどうかわして決定的な場面を作るのかを求めるものです。GKとDFという複数の相手を意識することから、技術面の習得段階を考えると、小学3〜4年生以上で取り組むのが望ましいです。この駆け引きを磨く練習では「ドリブルの技術を使ってDFをかわす」方法、もしくは「1タッチコントロールで一気にDFの裏へ抜ける」方法を状況に応じて使い分けられるようになることが目標です。

最後に「ボールを受ける駆け引き」です。これは、数名のDF、つまりDFラインを含む守備陣全体を相手にするため、先に紹介した二つの駆け引きよりも複雑な状況の中でプレーすることになります。習得は小学5〜6年生以上が適切です。具体的には、「マークを外して、足元にボールを収める」方法、もしくは「マークを外して、DFの裏側でボールを受ける」方法を、状況に応じて的確に選びプレーすることです。これができるようになると、相手DFがゴール前にそろっている状況でも自分のイメージ通りにシュートを打てる機会を増やせます。

以上、三つの「駆け引き」に共通しているのは、GKやDFを相手にした対人プレーであることです。対人プレーは、自分の考えだけでなく、相手の思考やメンタルの状態も計算に入れながら動かなくてはうまくいきません。こうした動きを身につけるうえで、キーワードがあります。それが「認知力」「体の向き」「ポジショニング」です。これらの要素を意識しながら練習することで、この三つの駆け引きのレベルが上がっていきます。

相手との駆け引きに欠かせない一つ目のキーワードとして挙げたのは「認知力」です。これは、周囲の状況に応じてプレーの選択をするのに必要不可欠です。第2章のラダートレーニングでも説明した間接視野（64ページ参照）が大きくかかわっています。周りの選手やボール、ゴールの位置、空いているスペースなど、プレーする中で変化する状況を、できるだけ広い視野でとらえ、情報量を得る力のことです。これについては「ゴールを決める駆け引き」の項目（123ページ参照）で説明します。

次に挙げるのが「体の向き」です。ストライカーにとって「体の向き」は生命線といえます。シュートスポットでラストパスを受ける、もしくはドリブルで切り込み、イメージ通りにシュートで終えるためには、ゴールに対して常に最適な体の向きを作っておかなければいけないからです。

図3－2ゴールを決めるための三つの「体の向き」（120ページ参照）で分かる通り、体の向きによりDF、GKとの駆け引きが行いやすくなります。つまり、ゴールに対して体の向きを的確に作っておけば、常に二つ以上の選択肢を用意することができ、相手DF、GKとの駆け引きも優位に行えるためゴールは生まれやすいのです。

また、最後のシュートを考えたときにシュートは体を回旋（添え足方向に腰を回転）するようにして打つのが基本です。ゴールの右側を狙いたいのに、体が左側を向いた状態で

3-2 ゴールを決めるための三つの「体の向き」

1 ゴールを決める駆け引き（シュートのとき）

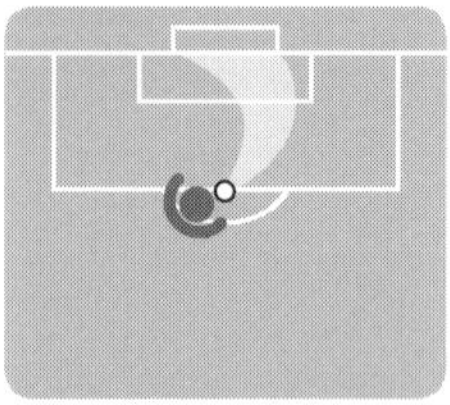

・体を斜めにしてゴールの外側に向ける。
・左右に蹴り分けられる。

◎

母指球シュート

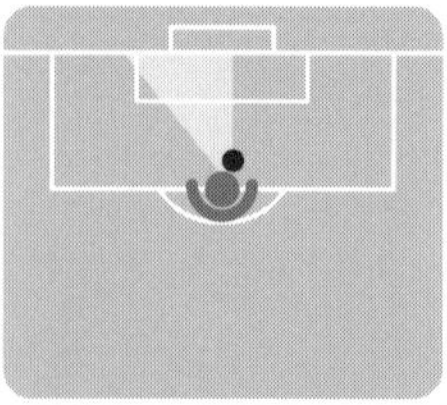

・体をゴールに向ける。
・蹴る方向が限られる。

×

インサイドシュートなど

2 DFをかわす駆け引き（ドリブルのとき）

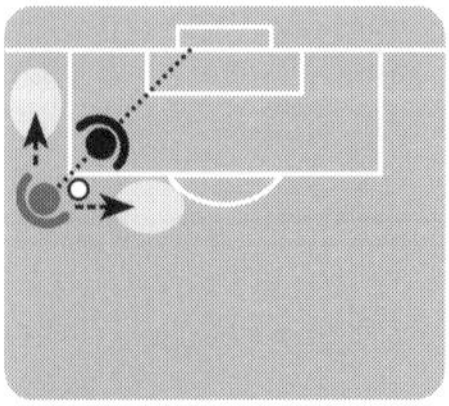

体をゴールに向けていれば左右に行ける。

◎

二つ以上の選択ができる

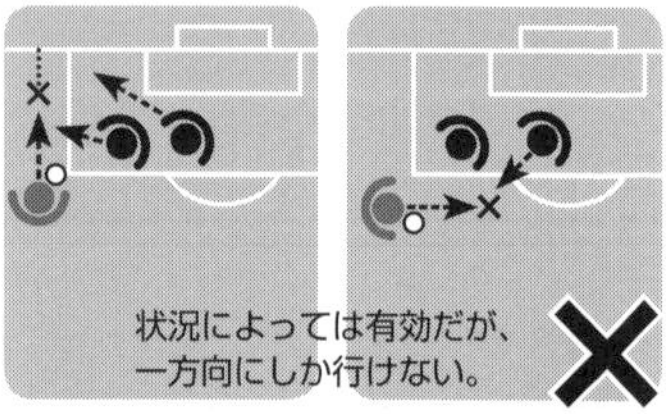

状況によっては有効だが、一方向にしか行けない。

×

一つしか選択できない

3 ボールを受ける駆け引き（オフ・ザ・ボールのとき）

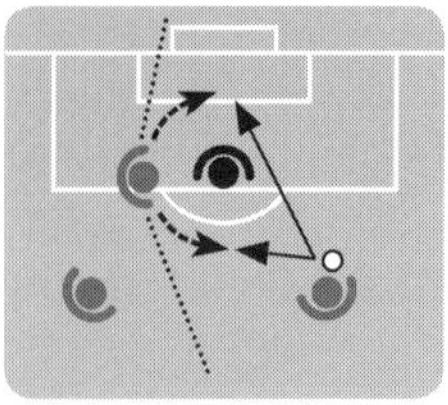

この向きならゴール、スペース、相手のDF、GK、ボール保持者のすべてが見渡せる。

◎

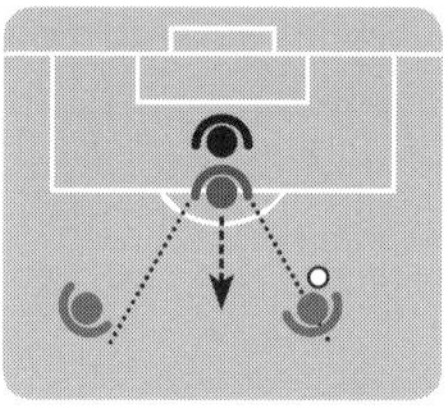

ゴールに背を向けていると、ゴールやスペース、相手のDF、GKが見えない。

×

は右方向へのシュートが難しくなります。このように考えるとシュートを打つ前の「体の向き」一つでシュートコースを広く確保できれば、自分の状況が変わり、シュートイメージがつかみやすくなることに気付きます。

しかも、別の視点から見れば、この「体の向き」はGKやDFとの「駆け引き」の中で逆に利用することもできます。要は相手を騙す「演技」として使えるのです。なぜなら、ストライカーがゴールに体を向けることで、GKやDFには「シュートを狙っているのでは？」という心理的な怖さが付きまとうからです。反対にゴールに背を向けていれば守備側は「まだ、シュートは打たない」という気持ちになるのです。

体の向きと、こうしたシュート時の演技の関係については、後ほど「ゴールを決める駆け引き」の項目でも詳しく触れますが、GKとの騙し合いでは最大のポイントになります。体が素直にシュートコースに向いていると、「どこに蹴る」のかがバレてしまいます。しかし、前もって体の向きの重要性を理解していれば、それを逆手にとり、GKの予測とは違う方向にシュートを打つことが可能です。こうした発想の原点として、体の向きは、この後の解説の中でも度々登場するので、覚えておきましょう。

最後に挙げたキーワードが「ポジショニング」です。ゴールを狙うストライカーには常にマークが付いていますが、その存在を意識せず、ただやみくもに動くだけでは、たとえボールを受けたとしてもたちまちプレッシャーを受けてボールを奪われてしまいます。

私は、アカデミーの子どもたちに「どんなポジションを取っていればいいんですか?」と聞かれたときに、こう答えています。

「DFに見られずにDFを見てプレーしよう」

これは、要するに「DFの背後を取りながら動く」ということです。DFはマークする相手を自分の視野の中に収めておくのが鉄則です。その状態で、DFにとらえられたまま動くと、大抵はプレーを見透かされてしまいます。そこで、できるだけDFの背中側にポジションを取るようにして、視野から外れた状態で動けば自分のプレーを読まれることはありません。これがいわゆる「消える動き」と呼ばれるプレーです。

DFの背中でプレーすること含め、ストライカーのポジショニングについては、「ボールを受ける駆け引き」の項目(142ページ参照)で具体例を挙げながら、改めて説明します。

ここで、監督やコーチを務める人に知っておいてもらいたいのは、ゴールを決めるためには「シュート」と「そこに至るまでの状況」をセットで理解しなければいけないことです。つまり、ストライカーがゴールを決める方法を学ぶためには、対人プレーを交えたシュート練習が絶対条件だということです。例えば、GKと1対1、GK+DFとの1対1、GK+2対1、GK+2対2といった具合に、最終的な目標をゴールにおいて相手のGK

と守備陣と「駆け引き」することでこそ、試合に生きる術が身につけられます。

❷「ゴールを決める駆け引き」には間接視野とゴールの見方が重要！

先に述べた三つの駆け引きのうち、試合の勝敗に直結するため、ストライカーの仕事の成果が最も問われるのが「ゴールを決める駆け引き」です。これはシュートを打つ動きと、認知力をベースにしたGKとの1対1の頭脳戦、心理戦がセットになっています。基本的に、ゴール前にはGKが立ちはだかっています。ですから、ストライカーはGK以外のゴールの空いたスペースを発見する力を養う必要があります。それがTRE式ストライカー育成メソッドで定義している「認知力」の一つの要素です。

おさらいしますと、「認知力とは、間接視野で状況をとらえる力」です。シュート時にゴールの空いたスペースが認知できていれば、必然的にシュートコースは定まります。

私が、偶然のぞいた小学生チームの練習で、こんな声が聞こえてきました。

「GKのいる位置をよく見てシュートをしなさい」

子どもたちは素直なので、GKをよく見てシュートを打ちます。でも、なかなかゴールが決まりません。GKに距離を寄せられてシュートが打てない、GKの正面にボールを蹴ってしまう、力強くボールを蹴ることができない……。私は、それを見ていて、この失敗の原因は「意識がGKにフォーカスされてしまったことにある」と思いました。

子どもに限らず、大人でもシュートを打つときにGKを意識し過ぎるとシュートミスは起こります。これは必要以上にGKを意識して、ゴールの空いたスペースに注意を向けられなかったからです。本当は、GKよりも「ゴールの空いたスペース」に意識を置いた方がシュートを打つ際の集中力も、結果として、ゴールが決まる確率も高まるはずです。このことはシュート打つという一連の動作を考えてみると、一目瞭然です。

「GKを見る」→「ゴールの空いたスペースを見つける」→「シュートを打つ」と、シュートを打つ間際の一瞬に、こんなことをしていては最後の段階でGKの存在が頭に残るはずがありませんし、ゴールの空いたスペースに対する意識も低いまま、シュートを打つことになってしまいます。私が「認知力」を間接視野で状況をとらえる力だと定義したのは、そのためです。直接視野（視野の中心でピントが合う部分）でGK、次にゴールの空いたスペース、ボールという流れを追ってしまうと顔や目を大きく上下しなければいけません。この動作に追われることで、自分にとって本当に集中すべきことから意識が遠のきます。またシュートの動作自体も遅くなり、姿勢が安定しないため、シュートコースに向かってボールを正確に蹴るのが難しくなります。

これを改善するために、私は「ゴールの見方」が正しくなるように、いつも子どもたちに伝えています。シュートを打つときは、直接視野でGKなどを見るのではなく、間接視野で周囲の状況を大きくとらえながら、「ゴールの空いたスペース」を見つけましょう。GKの存在は、間接視野の中にぼんやり障害物として認識しておく程度で構いません。実際、自分のシュートイメージの中にあるシュートコースへボールを蹴る場合、GKの存在はあまり影響しないのです。

もし間接視野でゴールの空いたスペースを発見し、GKを障害物としてとらえることができれば、シュートまでをスムーズに運ぶことができます。しかも、間接視野で状況をとらえることは、姿勢を一定に保ったままプレーできるということです。これについては、第2章で紹介した基本姿勢（60～62ページ参照）を振り返ってください。

何度も繰り返しになりますが、ストライカーはゴールへの道筋をイメージした時点で「シュートスポット」と「シュートコース」が決まっています。なんとなく動いたら、打てたというのではいけません。シュートを打つ前から、頭の中に明確にイメージがあるからこそ、素早く動け、ゴールを決められるのです。

現役時代、私はゴールを決めるまでの過程が自分の中にイメージとして描け、迷うことなく体現できたと思っています。もちろん、状況ごとに臨機応変に対応しながらシュートを打つ器用さを持った選手も存在するでしょう。しかし、すべてに対応できて、かつゴールを奪えるような才能のある選手は稀です。

一つのイメージを体現してシュートを打つ方が現実的ですし、その過程でトラブルが起きても、対応策を一つ、二つ用意しておきやすいと思います。「ゴールを決める駆け引き」とは、ゴールを決めるために起こる状況を前もってイメージし、整理する力ともいえます。

私が、ストライカーに与えるアドバイスは、「GKのいる位置をよく見てシュートをしなさい」ではなく、まず第一に「ゴールの空いたスペースを間接視野で見つけなさい」です。プロを経験したストライカーとして、そこには強いこだわりを持っています。ぜひ、皆さんにも取り入れてもらえたら嬉しいです。

3 シュートをゴールの中に入れるためには「おへその向き」と「ひざ下」がポイント

間接視野でシュートを打つ状態が整ったら、後は「ゴールを決める駆け引き」の仕上げとして、シュートを決める部分の精度を高めていきましょう。漠然とゴールを眺めると、数多くの選択肢を想像してしまいがちです。しかし、GKの存在を前提に現実的な考えをすれば、シュートコースは大きく分けて、左、右、上が主な選択肢になります。ということは、事前にどれかに優先順位を決めておくと、どこに蹴ろうかという迷いを最小限に抑えられるといえます。もしGKにコースを消された場合でも、慌てることなく対応できます。

やはりシュートは、自分が得意とする利き足で打ちたいものです。ですから私は、もし右利きの選手なら、場所に限らずシュートコースはあらかじめ「右」と決めておくのがいいと考えています。これは私が、シュートを「腰の回転で打つ」動きであるととらえていることにも関係しています。

もし、右利きの選手がシュートコースを「左」に設定した場合、右足でのキック動作の途中でこれを右方向に変更することは難しいです。アウトサイド（足の外側）を使ったシュートは別ですが、インサイド（足の内側）、インフロント（親指の周辺）でのキックは体を回旋（内向きの回転）させるため、関節や筋肉の動きから考えても動作の途中で、逆向きの回転に切り替えるのはやはり難しいです。

インステップ（甲）は、シュート前に踏み込むときまでは添え足をつく角度によって蹴り分けることは可能ですが、キックの動作の途中で方向を変更するには、高度な技術を必要とします。

そうしたことを踏まえると、右利きの選手は右方向、左利きの選手は左方向と、基本にすべきシュートの方向が自然に決まります。右利きの選手がコースを「右」に設定しておけば、たとえシュートを打つ瞬間に「左」にコースを変更しようとしても、腰の回転の角度と、ボールのとらえ方を少し変えることで、可能になるのです。

私は現役時代、インフロントに近い形でのキックをシュートによく使っていました。フィジカルトレーナーの谷真一郎さんと一緒に「母指球シュート」と名付けたこの蹴り方は、ボールのとらえ方を微妙に変えるだけで、思い通りに左右にシュートを打ち分けられるものです。この「母指球シュート」については第4章（162～175ページ参照）で説明します。

シュートを打つ瞬間に、もう一つ注意したいのが「体の向き」です。私は、シュート時の目安として、子どもたちには「おへそ」と「肩」を使って説明をしています。具体的には、おへそをシュートコースに真っすぐ向けるのではなく、そこから45～60度ぐらい外側に向けるように指導しています。これは、やはり体を内旋させるキックの原理に基づいたものです。

シュートに至るまでの「体の向き」の重要性は、図3－2ゴールを決めるための三つの体の向き（120ページ参照）の①ゴールを決める駆け引きで説明しましたが、「シュートスポット」に侵入したときに「体の向き」が変わるだけで、シュートを打てる範囲が異なるからです。シュートスポットに侵入してからの基本的な体の向きはこの図で挙げた「良い例」の状態です。

私が多用する「母指球シュート」「インステップシュート」では、利き足に応じて、ゴールから45～60度ぐらい外側におへそを向けるようにします。実は、これにはもう一つの仕掛けがあります。それは、GKに対して、肩を向けた状態になるため、GKにはシュートを打つ瞬間が分かりづらいのです。手に持ったボールを投げるときに、いったん体をひねり、肩を入れた体勢になるのをイメージすると分かりやすいかもしれません。

このシュート体勢からだと、GKは「あれ？　ボールを蹴る方向が読めない」という心理状態に陥ります。そこが、私の狙いです。

おへその向きが定まれば、自然にボールに対する添え足（一般的には「軸足」）の位置が定まります。ごく一般的なサッカーの指導では、シュートはボールの置き所が大事だといわれます。つまり、パスをトラップする、ドリブルするという過程で、自分がシュートを打ちやすい場所にボールをコントロールしなさいという意味です。しかし、ボールコントロールにはミスがつきもの。トラップやドリブルでボールが足元から離れてしまうようなミスは十分に起こり得ることです。ですから、私は、ボールのコントロールというよりもむしろ、ステップを踏むことで「添え足」をボールのちょうどいい置き所に運べるように伝えています。そのために必要なステップワークとして、第2章「体＝フィジカルの整え方」のトレーニングで体づくりを行っているのです。

ステップワークのトレーニングは、添え足だけでなく、キック時の蹴り足の動きにも役立ちます。最近の子どもたちのシュートを見ていると、ひざを棒のように伸ばしたまま蹴り足を振っている子が増えました。これでは速くて鋭いシュートは打てませんし、GKからはシュートがどこに向かうのかが丸見えです。

ＧＫにとって厄介なシュートを打つには「おへその向き」だけでなく、ひざ下をしなやかに曲げ伸ばしして、蹴り足を素早く振るのもポイントです。なぜなら、キックの動作をコンパクトに実践することで、インパクトの瞬間まで足先がボールをとらえるのが見えないからです。ＧＫにインパクトのタイミングを図らせずにシュートを打つことも「ゴールを決める駆け引き」の一つとなるのです。

さらに、ひざ下をコンパクトに素早く振るシュートは、速くて鋭いボールが蹴れるのも特長です。それは、例えばゴルフのスイングのようなイメージです。ボールを飛ばす方向とおへその向きが、同一方向ではなく交わった関係であるのも共通していますし、クラブのヘッドをしっかり頭上まで上げ、体を内旋させて振り下ろし、ボールに体全体の力を伝える点も似ています。このように体全体を使ったシュートの技術を総合的に身につければ、ゴールの確率がグッと高められると考えています。

最後に、「判断力」についても少し触れておきます。ストライカーは、ゴールへの道筋、つまり「自分がどこで、どういうシュートを打つ」という「イメージ」が常に頭の中にあり、すでに「決断」されたものを体で表現するだけだということは、すでに説明してきました。しかし、実際の試合ではその決断通りにシュートが実行できるかどうかは、直前まで分かりません。もしかしたら、途中で止められる場合もありますし、別のプレーに変更する必要があるかもしれません。ですから、ＴＲＥ式の判断力とは「シュートに対する実行、中止、変更を判断する力」を指しています。

一般的に、サッカー選手としての判断力は「状況に合わせたプレーを選択する力」という幅広いとらえ方をしますが、私はストライカーという限定した視点で「判断力」をシュートに絞った形に落とし込んでいます。

私の考えでは、小学生の間にシュートを直前に中止したり、また別の方法に変更したりすることは「フィジカル」への負担が大きいと考えています。

特に小学生の間は筋肉量が少ないので、そうした急激な変化に対応したプレーを実践するのは現実的に容易ではないと感じています。小学校の高学年になると、体が大きく成長する子も出てきますが、練習では多くは行っていません。

第1章の図1－2（25ページ参照）で小学生の間に身につけるべき「メンタル&ブレイン」の項目に「判断力」を含めていないのは、そのためです。

ただし、サッカーを行ううえでのアイデアや機知、戦略的なセンスを「サッカーIQ」「サッカー脳」などと表現することがありますが、こうした能力を高めることは、育成年代においても大切なことです。そうした観点においては、「中止」や「変更」の選択肢を持っていたかどうかを、ときに子どもたちに確認するのはいいことでしょう。

4 DFをかわすボールの持ち出し方は角度とリズムの変化が重要になる！

「ゴールを決める駆け引き」「DFをかわす駆け引き」「ボールを受ける駆け引き」という三つの駆け引きを理解するうえで、必ず念頭に置いておくべきことがあります。それは、この三つがバラバラに存在しているのではなく、必ず「ゴールを決める駆け引き」に収束していくことです。つまり、「DFをかわす駆け引き」や「ボールを受ける駆け引き」が成功すれば、次に「ゴールを決める駆け引き」へと向かう一連の流れがあるということです。

「DFをかわす駆け引き」は、シュートスポットにどう侵入し、どのようにボールを持てばいいのかを具現化するための手段です。ストライカーには常にDFがマークに付いていますし、ボールを持った選手に対しては相手が必ずアタックを仕掛けてきます。まずはそれをかわす術を学ぶ必要があるのです。それを実戦の状況に置き換えて考えてみると、「足元にボールを収めてドリブルでDFをかわす」、もしくは「1タッチコントロールで一気にDFの裏に抜ける」というプレーを使い分けられなければいけません。

この二つの方法に共通しているポイントは、やはり「体の向き」となります。どちらの状況においても体はゴールに向けることが基本です。ストライカーの意識が常にゴールに向かえば、DFには心理的なプレッシャーがかかります。そのため、体の向き一つで、D

Fは間合いを変えて調整しようとします。DFとの間合いは「DFをかわす駆け引き」において重要な要素です。「体の向き」という基本が抜けてしまうと、DFが優位に立ってしまいます。

それでは、ここから具体的に、「足元にボールを収めてドリブルでDFをかわす」という選択肢について話をしていきましょう。

ストライカーとして、最も合理的なのは、シュートスポットにフリーの状態で入り、パスを受け、GKと1対1の状況を作ることです。しかし、相手チームも読みのいいDF、状況判断に優れたDF、フィジカルに長けたDF、足の速いDFなど個性を持つ選手が各々のストロングポイントを押し出し、ブロックを作りゴールを守ります。ですから、そう簡単にはGKと1対1の状況は作れません。そのため、状況次第ではストライカーがボールを受けた後、自らドリブルでDFをかわし、シュートスポットに侵入することが求められるのです。

ボールを受けるまでの流れについては「ボールを受ける駆け引き」の項目（142ページ参照）で紹介するので、ここでは「足元にボールが収まった」先の説明を進めます。

ドリブルでDFをかわすポイントは、相手との間合いによってどの角度にボールを持ち出すかです。ボールを持つエリアにもよりますが、具体的には120度、もしくは90度の角度、どちらかのパターンでボールを持ち出す形になります。

3-3 DFをかわすためにボールを持ち出す角度

中央エリア

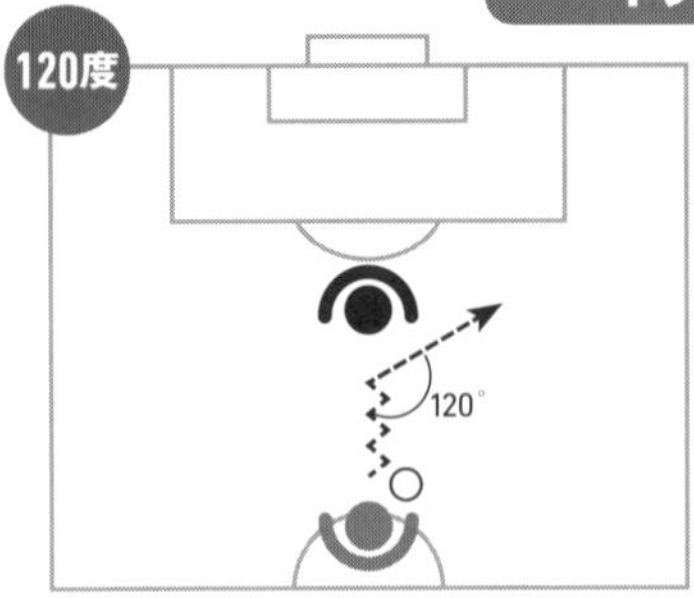

DFが間合いをツメてこない場合は、120度方向にボールを持ち出して一気にスピードに乗り、シュートまで持ち込む。

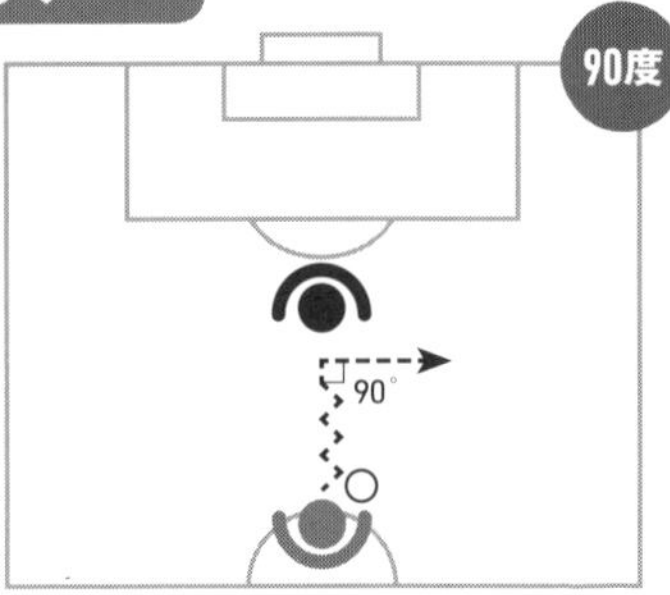

DFが間合いをツメてくる場合は、相手がボールを奪いにくる足をかわすため、90度方向にボールを持ち出すといい。

サイドエリア

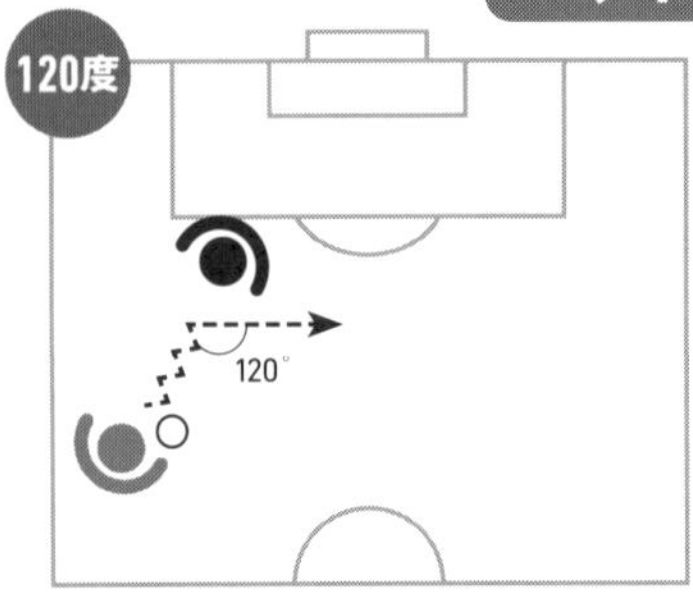

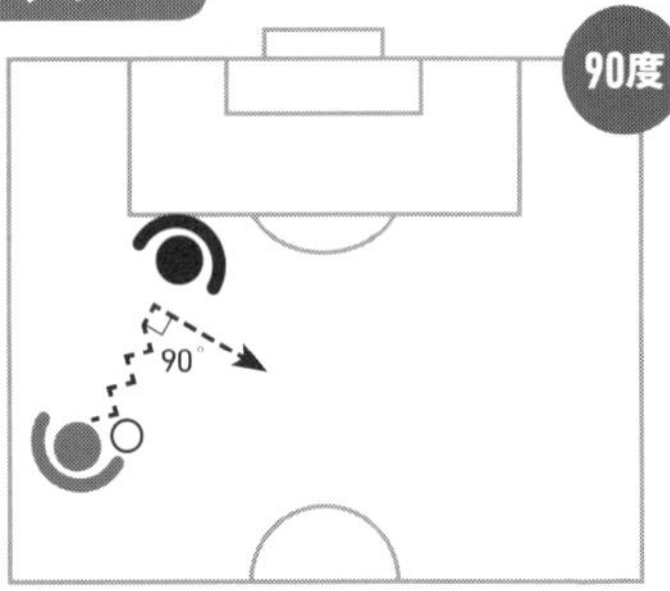

ボールを持ち出す角度は基本的に中央エリアと同じ。ただし、サイドエリアを直進するようにコーナー方向に体を向けた場合と、ゴールに体を向けた状態では、ドリブルで持ち出す角度が同じでも、シュートする体勢が変わることを理解しよう。

同じ90度で持ち出しても、サイドからゴールに斜めに進む場合にはゴールから遠ざかるような形になる。

仮に、自分が中央のエリアでボールを持っているとして、相手と少し間合いがあるようなら120度で斜め前にボールを進めて、ゴールへの最短距離を行くのがベストです。しかし、相手と間合いが近いようなら90度の方向にボールを持ち出さなければ、ボールを奪おうとする相手の足に引っかかってしまいます。

ロッベン選手（オランダ／バイエルン・ミュンヘン）のようなドリブラーが、サイドエリアからペナルティーエリアに斜めに侵入しながら、斜め後ろに戻す形でボールを持ち出してシュートを打っているように見えるシーンがあります。しかし、それも実は、ゴールに対する角度で考えると、90度の角度であることが図3－3（134ページ参照）を見ると分かるでしょう。これは、直面するDFだけでなく、ゴール前の密集地帯を避けてシュートを打つ、いわば応用編といえるものです。

私は現役のころ、ボールを持ち出すときは、ゴールから自分に向かって1本の線を引いて、進むルートを思い描いていました。右利き、左利きによって、それぞれ自分の得意なシュートスポットがだいたい決まっていくものです。それが見えてくると、ゴール、シュートする場所、現在の自分の位置がラインでつながり、ボールを持ち出す軌道がイメージしやすくなります。まさに、心技体のバランスがいいときは、その軌道に沿うようにボールを持ち出し、シュートを打つとゴールが決まりました。まるで、プロボウラーが投げるボウリングの球のように、ストライクの軌道にピタリとはまるような感覚でした。

前述したロッベン選手と同じく、左利きのメッシ選手（アルゼンチン／FCバルセロナ）も右サイドからピッチを横断するようにボールを持ち出して、左足でシュートを打ちます。ネイマール選手（ブラジル／パリ・サンジェルマン）は左サイドから横にドリブルして利き足の右足でシュートを打つシーンが目立ちます。彼らのシュートまでの軌跡を見ていても、利き足とシュートスポットが密接に関係しているのが分かります。ほとんどの選手が、最後は利き足でシュートを打つために、自分がどの位置からシュートへの仕掛けを始めたらいいのか、体に染みついているようです。選手自身がそれを頭で把握しているかは分かりませんが、自然に得意なパターンにはめていくことが

3-4 サイドエリアから、横方向に持ち出したときの「シュートスポット」

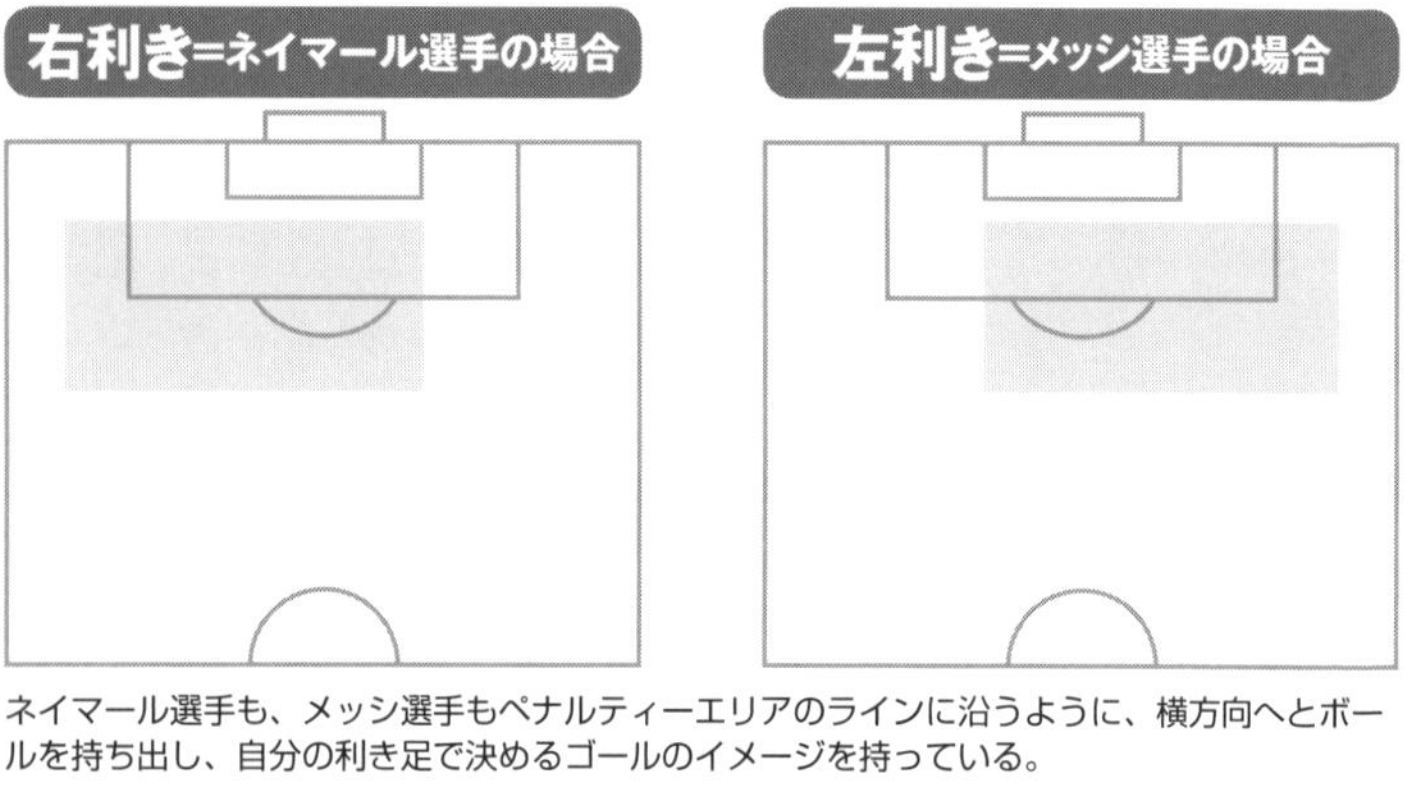

ネイマール選手も、メッシ選手もペナルティーエリアのラインに沿うように、横方向へとボールを持ち出し、自分の利き足で決めるゴールのイメージを持っている。

多いのは確かです。きっと何度もシュートへのチャレンジを続けているうちにボールを持ち出す方向を体で覚えたのでしょう。

ここで例に挙げた選手たちのプレーを見ても分かりやすいですが、DFをかわす駆け引きで大切なことは「リズム」と「リズムチェンジ」です。以前、香川真司選手（日本代表／ボルシア・ドルトムント）と一緒にフットサルをする機会に恵まれたので、彼がどのような感じでDFをかわすのか体感しようと思い、マークについてみました。

すると、香川選手の巧みなリズムチェンジを見ることができました。通常はトン・トン・トンと一定のリズムでボールタッチをしているのですが、私が間合いを詰め始めると、トン・ト・トンとボールタッチのテンポに変化が加わりました。私は当然、最初のリズムに合わせていたので調子が狂います。

それでも、何とかそれに対応して動こうとすると、今度はトン・ト・・・トンとさらに変化を加えたり、通常のトン・トン・トンというリズムに戻したり、あえてボールに触らずに一歩間を置くなど揺さぶってくるのです。結局、私は常に後手に回り、ほとんどの1対1で抜かれてしまいました。世界の強豪を相手にしても、果敢にゴールに向かって仕掛けていく香川選手のうまさを見た気がしました。やはりトップレベルで活躍する選手たちは、相手にタイミングを合わせられないように、ボールの持ち出し方を巧みに操っています。

私もドリブルシュートを得意にしていましたが、現役当時も、いろいろと工夫して練習しました。シュートをイメージして、そのままボールを持ち出そうとしても、単純な仕掛けではシュートスポットに潜り込めません。ですから、まずは、ラダーなどの器具を使って、リズミカルにステップを踏めるような練習をすることが大切です。徐々にリズムを変え、複雑なステップも加えていきます。それに合わせて、ボールを扱いながら同様にリズムを意識したトレーニングを行っていくのです。そうすることで、それが体に刻まれ、その都度頭で考える必要がなくなります。DFとの間合いなどに合わせて、反射的にリズムやテンポを変化させ、ボールを持ち出せるようになるのです。

ストライカーにとって、さまざまな「足の運び方」を体に刻むステップ練習は欠かせません。「DFをかわす駆け引き」では、重要になるシザースやキックフェイントのような相手を翻弄するためのテクニックにも、「母指球シュート」を打つ技術でもステップ=足の運び方が大事だと考えています。

第2章のラダーを使ったトレーニングで紹介したステップ練習も、ストライカー向けのメニューの中で、ごく限られたものです。さらにレベルアップを目指すには、ステップのバリエーションを増やしていきましょう。

5 1タッチコントロールを決めるため バックステップという予備動作が必要

次は「DFをかわす駆け引き」におけるもう一つの選択肢である、「1タッチコントロールで一気にDFの裏に抜ける」という動きについて説明していきます。具体的な動きとしては、味方からのパスを1タッチでスペースに押し出し、その勢いを利用しながらDFの裏のスペースに走り込むプレーです。このプレーの前提条件は、DFの背後にスペースがあることです。先に説明した「足元にボールを収めてドリブルでDFをかわす」選択肢は、ボールを失うリスクも高いため、DFの裏にスペースがある場合には、こちらの方法が優先されます。

ここで重要になるのが「ポジショニング」と「体の向き」です。ポジショニングの基本は121~122ページでも説明した通り、DFの背後を狙える位置です。ゴールとスペース、相手DF、パスの出し手が見える「体の向き」を保ちながら、自分をマークするDFと横並びになるか、少し手前になる場所にポジションを取ります。

試合中は周囲の状況が常に変化するため、それに合わせてポジショニングを微妙に調整しながらパスが出るタイミングを図ります。

このとき、最終的に「1タッチコントロールで一気にDFの裏に抜ける」方法を選ぶのか、それともやり方を変えて「足元にボールを収めてドリブルでDFをかわす」方法にするのかは選択肢として天秤にかけられた状態です。なぜなら変化するDFの状況や、パスが出るタイミング、パスのスピードや球質などの違いによって、どちらを選択する方がいいのかが違うからです。さらに実際のゲームの中では、この「DFをかわす駆け引き」に加えて、「ボールを受ける駆け引き」を選択する状況が、局面ごとに頻繁に繰り返され、その結果、「ゴールを決める駆け引き」へと収束していきます。

ですから、ここから先は、パスが自分に向けて送られ、「ボールを受けられる」ことを前提に説明します。もしパスを出す側とタイミングが合えば、後は「いかにDFの裏のシュートスポットを目がけて、ボールをコントロールし、走り込むか」です。そのために、私が子どもたちにアドバイスをしている一つとして「バックステップ」があります。

このプレーのポイントは、パスが出る直前に、半歩から一歩ほどバックステップを踏み、ボールを呼び込むことです。この数歩の違いによって、DFとの間合いを広げた状態でボールが受けられます。これにより、1タッチコントロールで飛び出しやすいスペースを生むことができるのです。また、バックステップが次のプレーの予備動作となり、虚を突かれた相手を出し抜いて早く動き出すための時間的余裕が生まれます。

もちろん、バックステップを踏まずに、勢いよくゴールに向かって前進するやり方もあります。ただ、たった50~60㎝ほどのバックステップが自分に与える視野とスペースは想像以上のものとなり、この余裕がその先のプレーに対する「予測」も可能にするわけですから、使わない手はありません。その先の予測とは、例えば、ゴールの空いたスペースや、DFラインの動き、DFの足が引っかからない角度などが、はっきりと見えるようになることです。

また、バックステップにはもう一つの効果があります。それは、マークに付くDFが容易に飛び込めなくなることです。それはバックステップによって間合いが広がったことで、ストライカーによるゴールへの意識を強く感じるようになるため、心理的なプレッシャーを受けるからです。

バックステップでの後進は、一見、攻撃的にはマイナス要素であるような気もしますが、実は、これが前に進む推進力をもたらします。それはステップを踏むことで、よりつま先重心にギアが入るからです。つまり、「素早く前進できる体勢が整う」ということです。つま先重心は、間接視野で状況をとらえる姿勢の基本でもあるため、ストライカーにとっては戦闘準備ができ、スイッチが入った状態です。

バックステップで準備が整った状態から、仕上げのシュートにたどり着けるかどうかは、「DFの裏にどう一発でボールをコントロールするか」にかかっています。ここで重要なのが「添え足」です。パスの勢いを利用して、1タッチコントロールでうまくボールを持ち出すには、添え足を進行方向に向け、やはり、つま先重心の状態で接地することが大切です。添え足で地面をしっかりと蹴り出して勢いに乗ってシュートスポットに侵入します。添え足がボールに対して適切に運べれば、次への動作に素早く移ることができ、多少、ボールコントロールをミスしてもカバーできます。

6 「ボールを受ける駆け引き」を制するにはオフ・ザ・ボールの動きを体に覚え込ませる

ストライカーにとっての「駆け引き」の最終地点は「ゴールを決める駆け引き」へとたどり着くことです。そこに至るまでは「DFをかわす駆け引き」と「ボールを受ける駆け引き」を状況に応じて絶えず繰り返していくことを、これまで何度かお伝えしてきました。

この一連の流れの中で、最も使用頻度の高いのがこの「ボールを受ける駆け引き」です。なぜなら、ゴールまでの過程を逆算した場合（116ページ参照）、Aパターン、Bパターンのいずれにしても、この駆け引きが入り口の部分で必要なプレーとなるからです。この駆け引きは、「マークを外して、足元でボールを受ける」、もしくは「マークを外して、スペースでボールを受ける」という二つの選択肢を状況に応じて使い分けます。

この二つを的確かつ自在に扱えるようになれば、相手のゴール前でDFに囲まれた状況でも、自分のリズムでシュートまで持ち込めるようになります。「ボールを受ける駆け引き」

はGKを含め、複数のDFを相手に仕掛けることが前提になります。そのため、周囲の状況を把握する「認知力」が、最も強く求められる「駆け引き」といえます。ですから、この章の冒頭で述べた通り、この駆け引きを磨くには、その対象学年を小学5～6年生以上としないと難しいと思うのです。この駆け引きは、118～122ページで触れた「認知力」「体の向き」「ポジショニング」という三つのキーワードをしっかり押さえたうえでプレーしなければいけません。「DFの背中でプレーできるようなポジショニングから、最適な体の向きを整えながら、シュートスポットに侵入して、シュートを打つ」。ゴールを決めるまでの、この一連の流れを意識しながら、状況に合う「ボールの受け方」を適切に選択しなければいけないため、低学年のうちから積み上げた基盤がないと、身につかないのです。

「ボールを受ける駆け引き」の基本は、オフ・ザ・ボールの動きとして代表される、次の三つを覚えることです。

▼ダイアゴナル
▼プルアウェー
▼チェック

ＴＲＥ式ストライカー育成メソッドでは、これらを分かりやすくするために、「縦の動き」「横の動き」という言葉を組み合わせて指導しています。一般的には「斜めに走り込む」「円を描くように走る」と表現されるようなものも、慣れるまではシンプルに縦、横を使って説明しています。

それぞれを説明する前に、「縦の動き」と「横の動き」の効果に触れておきます。まず、ゴール前であなたがＤＦとして守りについている状況を想像してみてください。相手のＦＷが「縦」に動いたとき、どう感じますか？　では「横」に動いたらどう感じるでしょうか？

恐らく、「縦」に動いたときの方が、嫌な気分がすると思います。それは、やはり相手をゴールに近づけたくない心理が働くからです。ですから、「縦の動き」はＤＦを慌てさせる効果があります。また「横の動き」は、ＤＦを迷わせる動きです。自分の目の前から、横にいる味方ＤＦへの方向へと相手ＦＷが移動していった場合、ＤＦ同士でのマークの受け渡しや、どちらが追っていくべきかという判断に一瞬の迷いが生じるのです。

この効果を踏まえ、先ほど挙げた三つの動きを「縦」「横」の動きで表してみましょう。

▼ダイアゴナル　↓　横―縦（前進）の動き
▼プルアウェー　↓　縦（後進）―横―縦（前進）の動き
▼チェック　↓　縦（前進）―縦（後進）の動き、もしくは横―横の動き

3-5 「オフ・ザ・ボール」の代表的な三つの動き

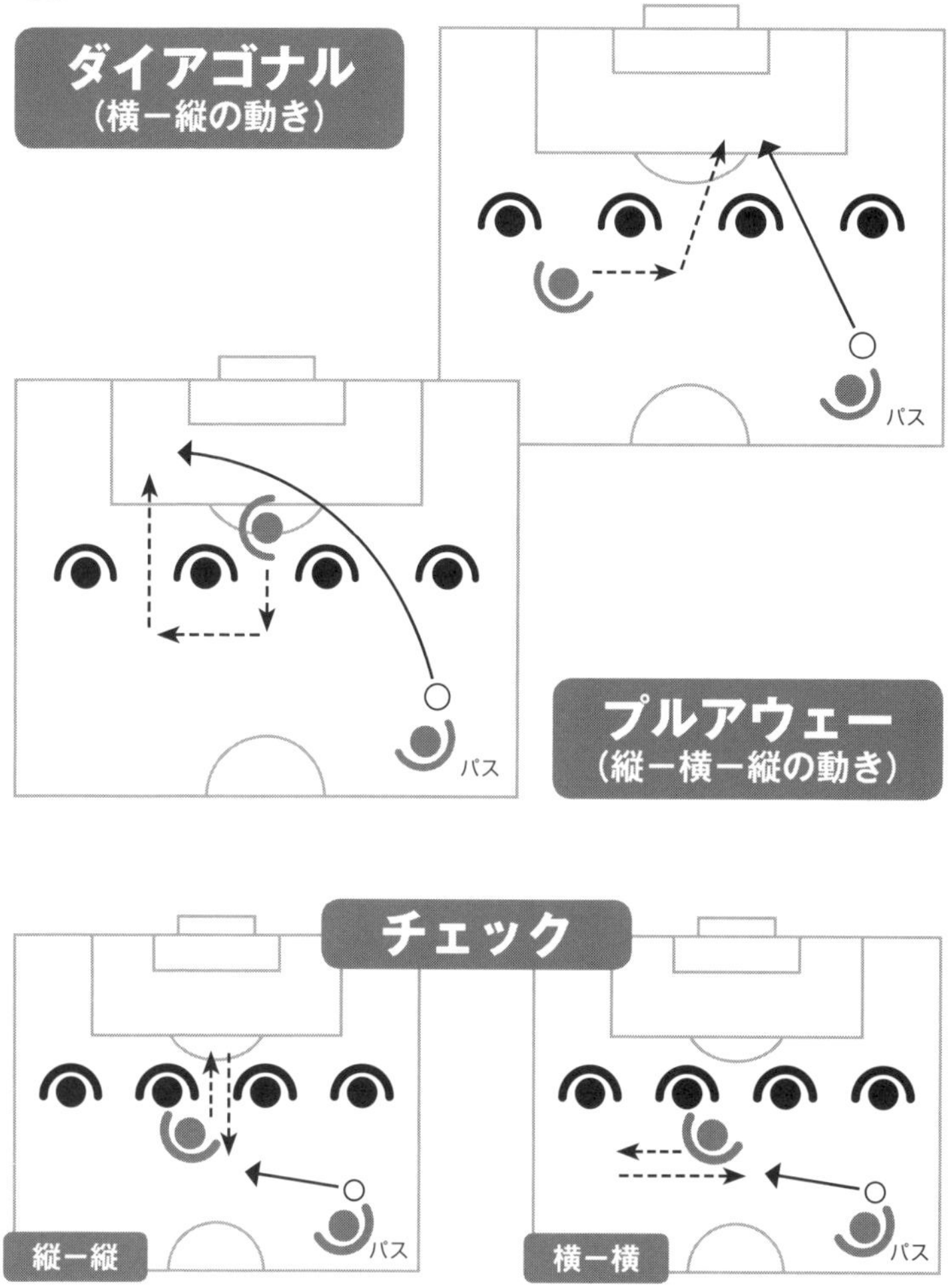

この動きを、大まかに描いたのが図3－5「オフ・ザ・ボール」の代表的な三つの動き（145ページ参照）です。実際には「縦の動き」は前後、「横の動き」は左右に分かれるだけでなく、それぞれ微妙な角度がついて「斜めの動き」や「円の動き」に近くなります。

「ダイアゴナル」から、もう少し詳しく説明しましょう。この動きは、2人のDFの間をすり抜けるイメージです。先ほど「横の動き」で説明した通り、横へ移動する動きでDFの迷いを誘発し、その隙に相手DFの裏を突きます。例えば、自分のマークに付く選手を「横の動き」で引き連れつつ、隣にいるDFのすぐそばで「縦の動き」に変化することで、一気に2人のDFの裏を突いてボールを受けられるのです。

つまり、このダイアゴナルは「マークを外して、スペースでボールを受ける」ための選択肢です。一気にDFの背後を突いて、ゴールに直結するチャンスを生み出します。

次に「プルアウェー」です。この動きは、その名の通り「プル（引いて）、アウェー（離れる）」のイメージで行います。DFの近くから「縦の動き」でいったん後ろに引きます。この動きでDFはパスを警戒して、ボールを持っている選手や周囲の状況を確認しようと周りを見渡します。その瞬間に「横の動き」でDFの視野から大きく外れながら、一気に「縦の動き」でDFの裏を突き、ボールを引き出します。この「プルアウェー」もダイアゴナルと同じように、ゴールに直結する動きとなります。

最後に「チェック」です。これはペンを使って、確認したことを記す「☑」（チェックマーク)」のイメージで、方向を切り変えて進む動きです。これまでの二つと違い、「マークを外して、足元でボールを受ける」目的に適した動きです。しかし、チェックの方向を工夫することで「マークを外して、スペースでボールを受ける」方法としても活用でき、DFラインの裏を突くことも可能です。例えば、前に行くと見せかけてDFが釣られた瞬間に後ろに下がり、足元にボールを収めたり、逆に、後ろに引くと見せかけてDFが釣られた瞬間に前進して相手の背後を突いたりするのです。「横の動き」でチェックを活用する場合は、「左と見せかけて右」「右と見せかけて左」と緩急をつけてDFを揺さぶり、足元にボールを収める時間を稼いだり、シュートコースを作ったりします。

こうしたオフ・ザ・ボールの動きを「縦」と「横」で覚えると、理解がしやすいだけでなく、他のメリットが生まれます。一般的にダイアゴナルは斜めに動く、プルアウェーは円を描くように動く、と指導する場合が多いと思います。しかし、これでは、動きの変化が少なく、走る軌道が単純化されてしまいます。すると、前に進むタイミングが早くなりオフサイドに引っかかりやすくなるのです。

また、オフ・ザ・ボールの動きでは、方向やスピードを変化させながら、「ここにパスをくれ！」とボール保持者に、その意図とタイミングを伝えなければいけません。単純化された円や斜めの動きでは、メリハリがないため、ボールを持った味方選手の目にも止まりにくくなります。「縦」や「横」に、少し角ばった動きをした方が、パスの出し手の意識を間違いなく刺激できるのです。

ＤＦの視野から上手に消えながら、出し手とタイミングを合わせて一気にギアを上げてボールを引き出すためには、ステップワークも欠かせません。第2章（63～80ページ参照）で紹介したステップ練習にも、このボールを受ける駆け引きと関連性が高いものを盛り込んでいます。

7 駆け引きはゴールへのアイデアを味方と共有するための大事な手段！

「ＤＦをかわす駆け引き」の項目（１３２～１４２ページ参照）において、バックステップという予備動作の重要性について述べましたが、オフ・ザ・ボールの動きについても同じことがいえます。ストライカーはボールの位置が変わるたび、常にポジショニングを補正しながら動きます。この動きを予備動作ととらえるならば、これに「縦の動き」「横の動き」の効果をうまく加えることで、オフ・ザ・ボールの動きに相乗効果をもたらすことができます。

例えば、図３－６（１４９ページ参照）実戦的なプルアウェーの動き方を見ると、左サイドから「横の動き」で中央に動き、プルアウェーをすれば「横（右）－縦（前進）－縦

（後進）－横（左）－縦（前進）」になります。

　この状況を守備側から見ると、ＦＷのマークを右のサイドバックから右のセンターバック、右のセンターバックから左のセンターバックへと受け渡しながら対応をしなければならないため、とても厄介です。同様に、ダイアゴナルやチェックも縦、横の動きに変化を加えることで、守備陣の混乱を引き起こすことができるでしょう。

　世界には圧倒的に「駆け引き」に長けた選手が存在します。そういう選手は、たった一つの動きをタイミングよく行うだけで一気にゴールを狙える状況を作ってしまいます。具体的には「ＤＦをかわす駆け引き」一つで「ゴールを決める駆け引き」を、「ボールを受ける駆け引き」一つで「ゴールを決める駆け引き」を生み出す選手です。

　本来は、こうしたシンプルな動きで一気にゴールを奪えるストライカーが、合理的で理想的な選手でしょう。

私にとっては、２０１２年に引退したインザーギ（イタリア）が、その理想を体現する選手。彼はＤＦの視界か

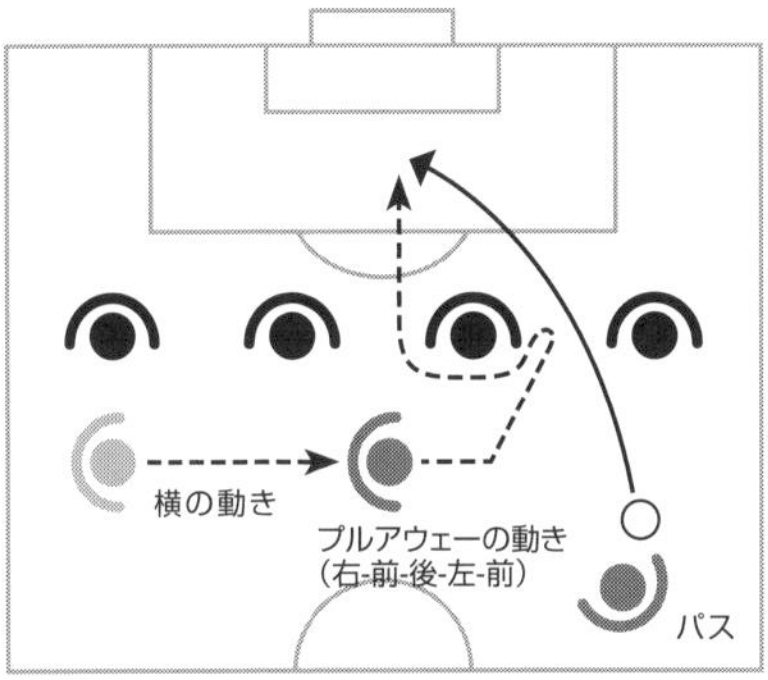

3-6 実戦的なプルアウェーの動き

ら消えたり、現れたりする動きでパスのタイミングを図らせないようにしたり、マークの受け渡しを利用した横の動きから縦の動きを効果的に使ったりする達人でした。オフ・ザ・ボールの動きで、常に自分に優位な状況を生み出していました。

しかし、彼のようなプレーは、誰もがまねできるわけではありません。一般的なレベルにおいては、オフ・ザ・ボールの動きを繰り返し行うことで、パスを引き出せる確率が高くなります。一つの動きでパスを受けられなくても、すぐに切り替えて、別の違う動きを仕掛け続けるのが、多くのチャンスを生むコツです。

現役時代を振り返ってみても、オフ・ザ・ボールの動きは、複数の動きを加えたり、連続して行ったりしたときにビッグチャンスが生まれました。私の経験上、実戦で最も使う頻度の高い組み合わせは、次のパターンだと思います。

❶マークを外してDFの裏を取る

▼チェック — ダイアゴナル

▼チェック — プルアウェー

❷DFの裏を取るフリをして、足元でボールを受ける

▼ダイアゴナル — チェック

▼プルアウェーーチェック

「駆け引き」をゴールを決めるための手段と定義すれば、試合中の優先順位はやはりDFの裏を取る「❶」のプレーです。しかし、ここでもう一つ大切なことは、第1章でも触れた「遊び心」です。「駆け引き」の結果が、すべてシュートスポットに侵入してシュートを打つことに直結しているのであれば、それは相手の守備陣の予測の範疇《はんちゅう》となり、怖さは半減してしまいます。相手の想像を超えたアイデアにこそ「駆け引き」の魅力が詰まっています。

そんなふうにイメージを膨らませてみると「ゴールを決める駆け引き」「DFをかわす駆け引き」「ボールを受ける駆け引き」の中で、自分のアイデアを生かすことの重要性が見えてきます。いつもゴール前という舞台のクライマックスで、「遊び心」という創造力で自己表現を続けているからこそ、ストライカーへの期待も高まり、ボールが集まるのです。さらに、味方にとっても共有する得点パターンが増えて、チーム力を高めていけるのです。

こうした「駆け引き」のベースとしてTRE式では、低学年でも楽しめるトレーニングを行っています。その具体的な内容は次ページから紹介していきます。

Let's Training

プルアウェー

「プルアウェー」鬼ごっこ

このメニューは低年齢でも、「プルアウェー」の動きを楽しみながら身につけられるようにしたものです。選手は「鬼」と「逃げ手」に分かれ、2人で行います。6m四方の正方形の角（Ⓐ、Ⓑ、Ⓒ、Ⓓ）にマーカーを置き、中心点から1・5mほどⒶとⒹを結んだラインに近い位置Eにコーンを立てます。合図に合わせて、逃げ手と鬼が同時にスタート。逃げ手はⒶからスタートして、Ⓔでターン、Ⓓのゴールまで逃げます。鬼はⒷからスタートして逃げ手を追います。ゴールに到着するまでの間に体にタッチすれば、鬼の勝ちです。左右を入れ替えて、逆の向きⒹ→Ⓐも行ったら、鬼を交代します。正方形の大きさなどは、年齢に合わせて調整して行いましょう。

これをプルアウェーの動きに当てはめて考えると、ⒺのコーンはDF、鬼がボールだとイメージできます。DFの背中から、縦の動きで一度引き、DFの前に入り、素早い横の動きで視界から消え、再び縦の動きで空いたスペースを突きます。逃げ手は、Ⓔでのターンの最中、さらにターンした後も鬼から目を離さない体の向きを保って走ることがポイントです。ターンの動作（横の動き）は、第2章のラダー練習（72ページ参照）で行った、足をクロスさせるステップを活用すれば、鬼に背中を向けずに素早く方向転換できます。

このトレーニングの動き方

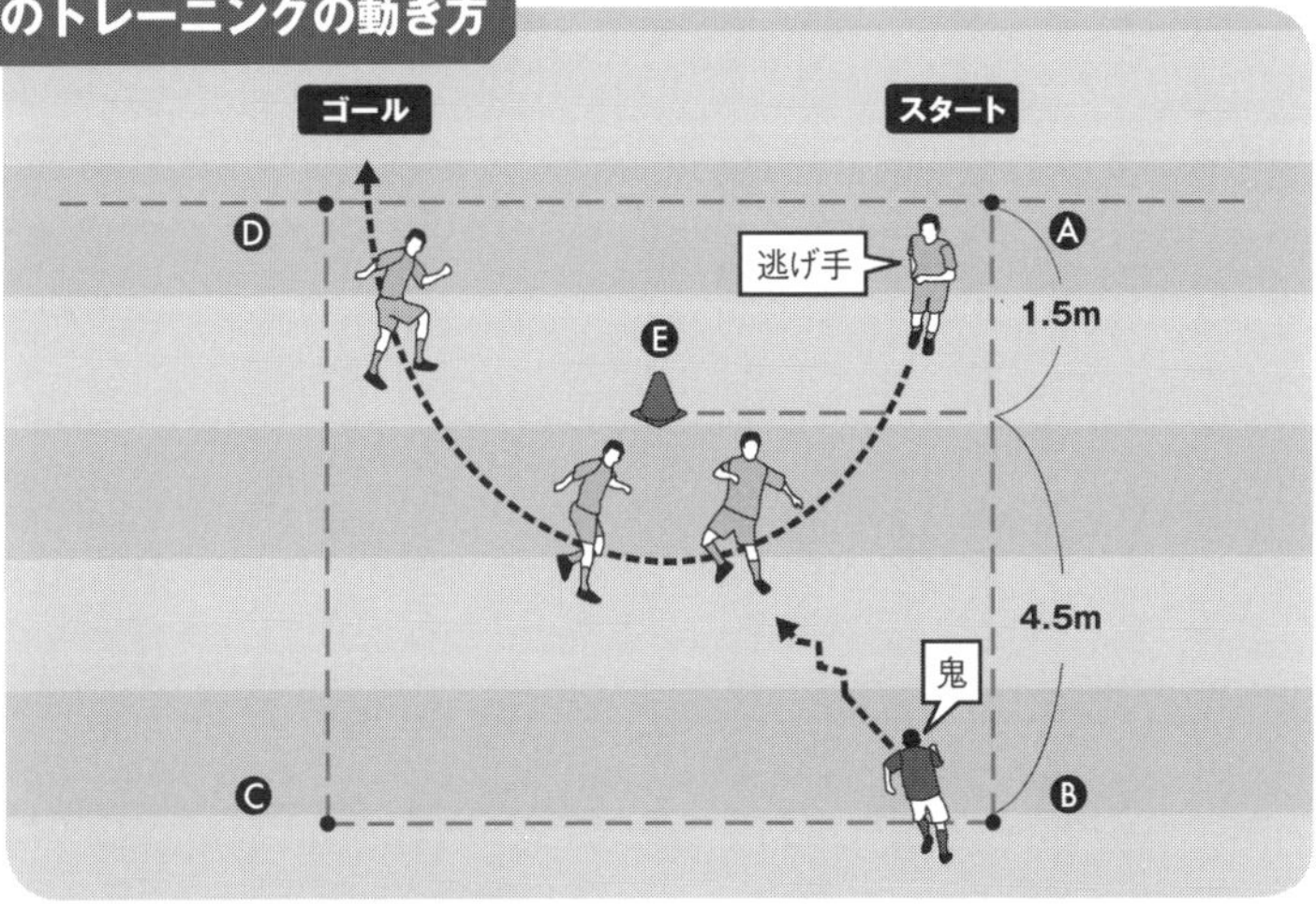

中心のコーン（マークに付くDF）の前を、鬼（ボール）から目線を離さずに素早く通過するためには、足を交差させ、腰を回転させながら方向転換する。素早い足の運びで体を前に向ければ、パスを受けるコースと、視野の確保ができる。

Let's Training

チェック＆プルアウェー

「チェック＆プルアウェー」鬼ごっこ

このメニューは、「鬼」と「逃げ手」に、ボールの「出し手」を加えて、3人で行います。一辺3ｍの正三角形の角（Ⓐ、Ⓑ、Ⓒ）にマーカーを置き、進入禁止エリアを設けます。ここには鬼も逃げ手も入れません。逃げ手は、出し手との間でパスを3回交換するか、鬼の背後でボールを受けて、三角形の奥にあるゴールまで逃げれば勝ちです。

鬼は逃げ手、もしくは出し手からのパスを途中でカット、または逃げ手がボールを持っているときにタッチしたら勝ちです。Ⓐの位置に鬼と逃げ手が並んだ状態からスタートします。Ⓑ、Ⓒどちらの方向に進んでもいいです。三角形の周りであればどこに動いても構いません。

この鬼ごっこは、マークを外して「足元でボールを受ける」、もしくは「スペースでボールを受ける」駆け引きを体で覚えるためのものです。つまり、「チェック」や「プルアウェー」の動きを、手を使うことで簡単に行えるようにしています。いかに鬼の隙を見つけて、パスを受けられるかが勝負の決め手です。「チェック」（前後）の動きでDFを揺さぶってパス交換する、もしくは鬼がボールカットに来た瞬間に「チェック」や「プルアウェー」で鬼の背後に抜けて勝利を目指しましょう。

この写真は「プルアウェー」をうまく使い、鬼の背後のスペースを突いてパスを受けたシーン。鬼のマークを巧みに外してボールをもらう。

この写真は「チェック」でパスを受けたシーン。パス交換（3往復）でも勝てるため、鬼を裏に抜ける動きで誘い、手前でボールをもらう。

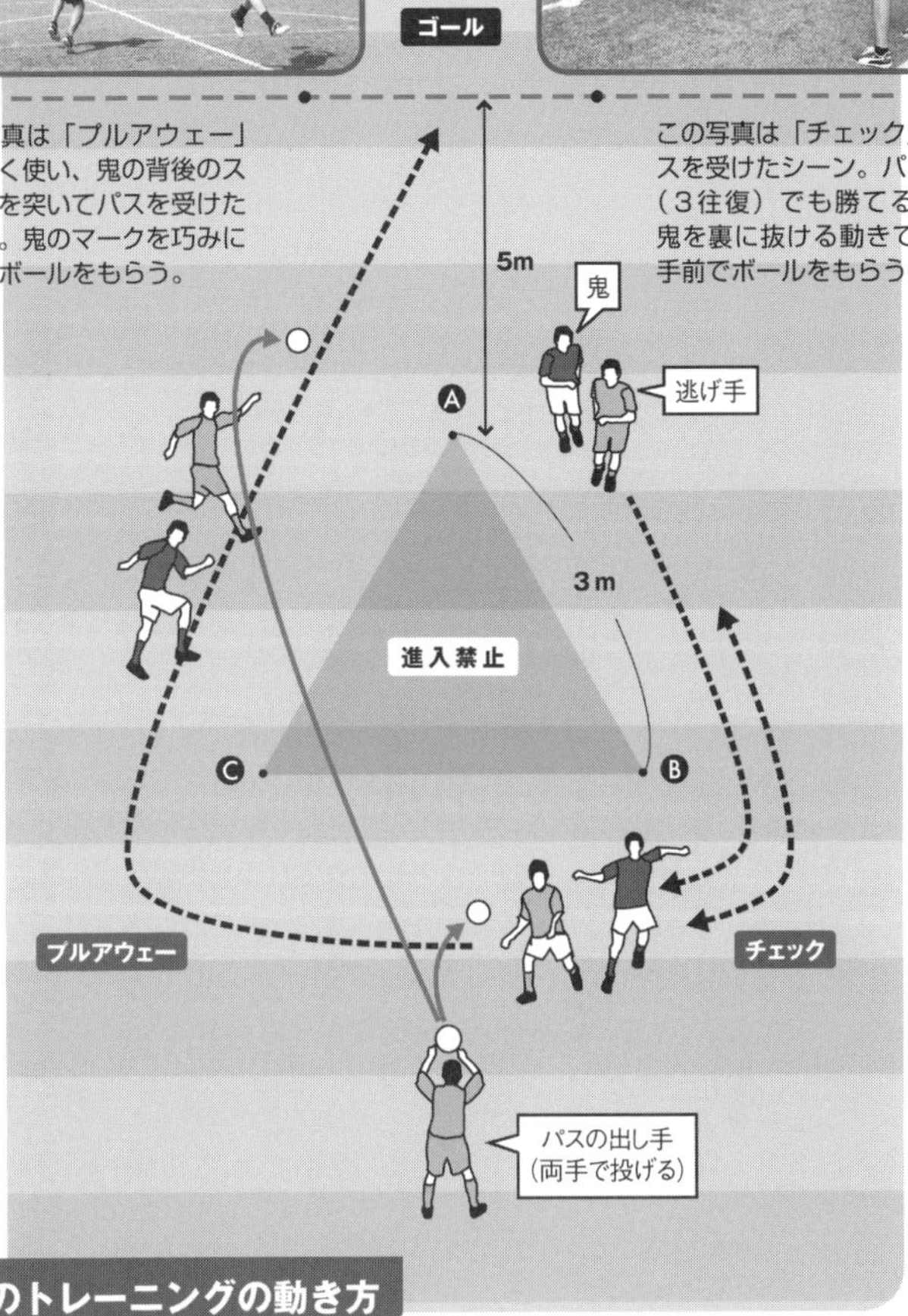

このトレーニングの動き方

Let's Training

ダイアゴナル

「ダイアゴナル」競争

最後は「ダイアゴナル」の動きで勝負です。14m四方の正方形の中央にコーンを立て、その左右に2m間隔で1本ずつコーンを立てます。次に正方形の4辺の中央に2mの幅でマーカーを二つずつ置きます。この際、正方形の上辺と下辺に置くマーカーはそれぞれ(赤)(青)と色を区別し、これをゴールとします。左辺、右辺の2カ所のマーカーに2人の選手が分かれ、向かい合った相手と競争です。合図に合わせて2人同時にスタート。1本目と2本目のコーンの間をターンですり抜け、ゴールを目指しましょう。

選手が1本目のコーンに達する前に、指示役が「赤のゴール」と「青のゴール」どちらかを指定します。「青」を指定されたら、選手は互いに「青のゴール」を目指して走り、先に通り抜けた方が勝ちです。このメニューは「ダイアゴナル」の練習です。いわば、三つのコーンはDFラインです。サイドエリアから中央へと横の動きで侵入し、ゴールに向かう縦の動きでDFラインの裏のスペースに抜け出します。

この練習のポイントは、色を指定された瞬間に、その色のゴールに向かえるように、素早く走るコースとターンの方向を把握することです。足の運びをスムーズに行い、メリハリのあるターンで進行方向に体を向けましょう。

このトレーニングの動き方

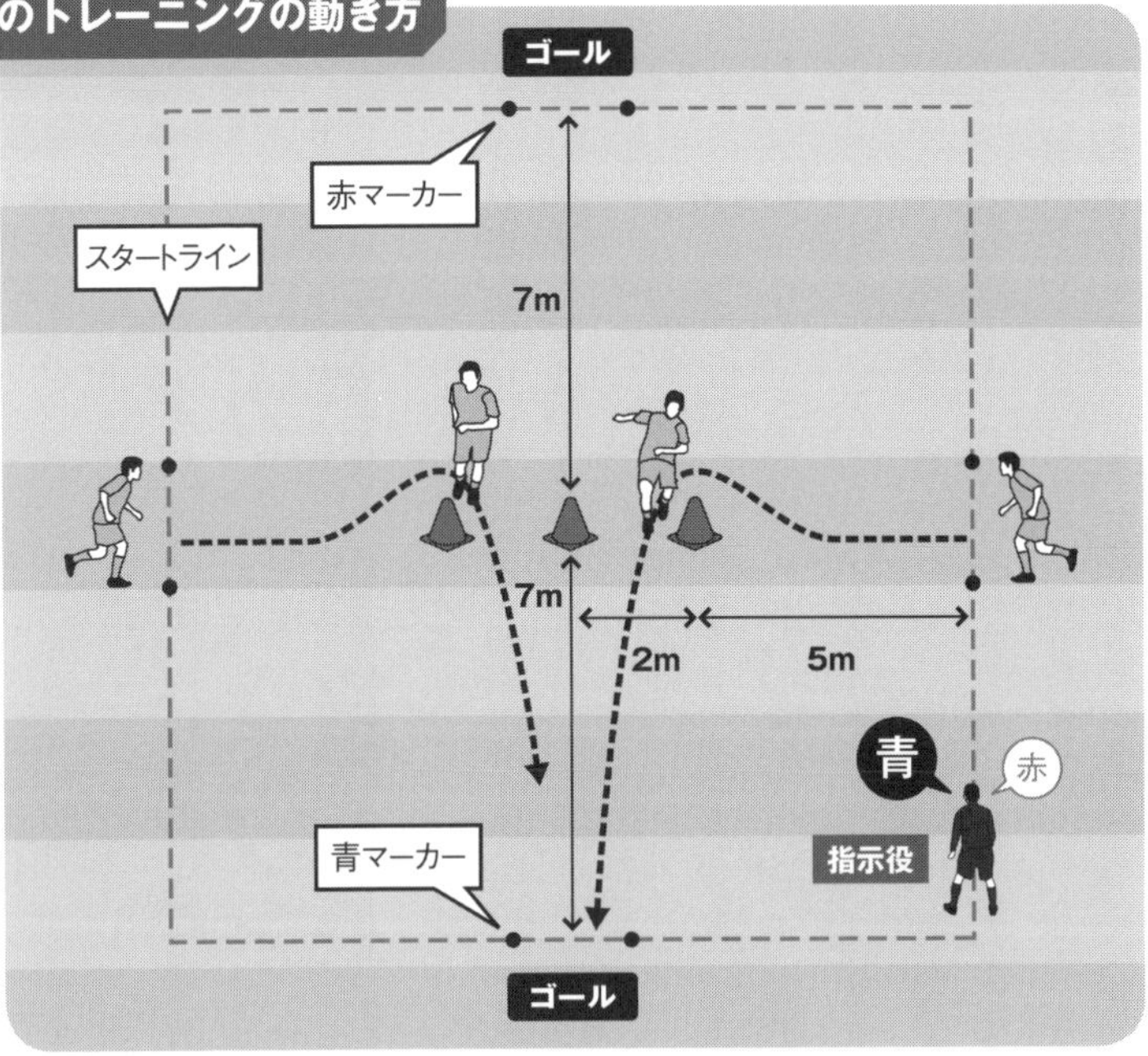

１本目のコーンの近くを、いかにするどく曲がるかが勝負の鍵を握る。中央のコーンに寄り過ぎても、大きく膨らんで曲がり過ぎても時間をロスするため、ステップワークを意識して、最短距離での方向転換を追求しよう。

ゴールキーパー（GK）から見たストライカーというポジションとは？

元Jリーガー・ノグチピント・エリキソンフランキに聞く

ゴール前の状況に目線を送り続けるストライカーは怖い！

――GKから見たストライカーとは、どんな存在なのでしょうか？

「私にとっては、日本刀のような切れ味の鋭さを持った存在です。GKは、ストライカーと目が合うことが多いです。それは、彼らがゴールの状況を常にチェックしているからです。その度に、GKは危機感を抱きます。彼らが何を見ているかといえば、GKの位置と空いたスペースです。そうして、彼らは『どうシュートを打とうか』というイメージを作っています。GKを確認し、シュートを打つ場所を探しています」

――目が合うストライカーほど、ゴールを観察しているわけですね。

「結局、サッカーは自分が狙うゴールとボールは一つしかありません。ですから、ストライカーにとってはゴールの場所が変わらないので、ポジションを移動しな

がらシュートを打てる位置さえ探しておけばゴールを決められる確率が高まるわけです。ＧＫの立場から見れば、『何を確認したのか』を目線で読み取り、ストライカーの狙いを推測します」

――なるほど。互いのプレーを「いかに先に読むか」という心理戦です。

「ストライカーは素早くシュートが打てる場所を探し、そこにパスを呼び込むのが狙いですが、ＧＫはその狙いをいち早く察知し、事前にその状況になったときの答えを用意しておきたい。とにかく、彼らに先を越されたくないのです」

――ゴール前の状況を常に確認されている方がプレッシャーですね。

「ＧＫのタイプによりますが、一般的にはそうだと思います。常にシュートまでどう持っていこうかというイメージをしている、ストライカーは迷いがないからプレーが早いです。そうすると、ＧＫとしては頭の中で状況を整理する時間がないから答えが見つからないままプレーをしなければいけません。裏を返せば、ストライカーがどんなに素早くプレーしても、常に対応できるＧＫは答えを出しているわけですからいい選手です」

――ＧＫはストライカーのどんなシュートが苦手なのでしょうか？

「私は左利きのストライカーが苦手でした。現在、名古屋グランパスエイトに所属する玉田圭司選手はチームメートだったのですが、彼のシュートは強烈なうえ、どの方向にボールが飛んでくるかが見えにくかったです。やはり右利きの選手が多い中、練習でも右利きの選手のシュートは数多く経験できます。でも、左利きの選手はなかなかいませんので、経験値が少ないのです。ですから、GKは左利きの選手に少し苦手意識を持っているはずです。ストライカーの立場で考えたら、両足で正確なシュートが打てたらゴールの確率が上げられるということです。小学生のうちは両足で蹴る練習をするといいでしょう」

ノグチピント・
エリキソンフランキ

1981年生まれ。ブラジル出身（2003年に帰化）。現役時代は大分トリニータ、サガン鳥栖、柏レイソル、アビスパ福岡、バリエンテ郡山、AC長野パルセイロ、サムットソンクラームFC（タイ）、PTTラヨーンFC（タイ）、アユタヤFC（タイ）でプレー。2015年に引退。現在、GKスクール「Primeiro GK school」を立ち上げ、GKの育成に励む。また、GK視点で「TRE2030ストライカー・アカデミー」でもコーチを務める。

chapter 4

第4章

「技=テクニック」の整え方

決定力を高めるシュートの「技術」を身につける

Technique

1 シュートは自己表現の手段であり実戦で使えるものでなくてはいけない

ストライカーにとって、「ゴールは作品」です。作品を完成させるためには、どのようなシュートで自分を表現するかが大事です。どんなシュートであっても、ゴールの中に入れば同じ1点であることには間違いありません。しかし、ジュニア（小学生）年代はテクニックの向上が最大の目的です。ですから、自分が思い描いたシュートを1本でも多く、イメージ通りに決めることを目指してもらいたいところです。

ゴールが決まれば、自信もつきますし、メンタル面にはプラスに働きます。それがイメージ通りのシュートで、しかもゴールという結果につながったとしたら、どうでしょう。これ以上の経験と自信に結びつくことはないはずです。何よりも「自分はストライカーなんだ」と胸を張って証明できることが、その後のサッカー人生の大きな糧になります。

やはり、ストライカーが磨くべき最も重要な「テクニック」は、シュートなのです。この章では、私の経験やこだわりに基づいた「試合に生きるシュートのコツ」をお伝えしていきたいと思います。

シュートには主に、足と頭を使ったものがあります。まれに胸などを使うこともありますが、それらは意図的にその部分を選んだのではなく、そこに「当てる」しかなかったシュートでしょう。

足でのシュートには、「トゥ（つま先）」「インサイド（足の内側）」「アウトサイド（足の外側）」「インステップ（甲）」「インフロント（親指の周辺）」「ヒール（かかと）」の部位を使った6種類があります。

この中で自分が意図したイメージを反映でき、かつ実戦的なシュートが打てるものを考えてみましょう。まず「トゥキック」「アウトサイドキック」「ヒールキック」はコントロールが難しく、あまり飛距離が出ないため、表現に制限のあるキックです。また、「インサイドキック」はボールに接する面が最も大きく、コントロール性には優れていますが、方向性が比較的真っすぐな軌道に限られるためにコースが読まれやすく、表現性は乏しいキックです。

また、頭を使う「ヘディングシュート」も、ボールの状況によって、コントロールできる角度が限定されるなど、表現力には限界のある技術です。

こうした分析から、「インフロントキック」と「インステップキック」によるシュートが、最も自分のイメージを表現でき、かつ実戦的に使えるシュートだと私は考えています。

それではここで「インフロントキック」と「インステップキック」の基本を振り返ってみましょう。

まずインステップキックですが、これは足の甲（スパイクの紐が通っている部分）を使ったキックです。蹴り足の足首を真っすぐ伸ばしてボールの中心を強く叩きます。次にインフロントキックですが、こちらは足の親指周辺でのキックです。基本的な蹴り方は、蹴り足の足首を一定の角度にして、ボールの下側をすくうイメージで当てます。

どちらも蹴り足の角度や、当て方、添え足の置き方で、蹴ったボールの性質が変わります（添え足とは、一般的な軸足のことです。固定し過ぎるのを防ぎ、インパクト時に足の切り替えを利用するため、私はそう表現しています）。さらにいうと、人それぞれ足の長さ、足の大きさや形、関節の可動域などが違うため、同じ蹴り方をしようとしても、実際には全く同じにはならないかもしれません。とはいえ、それぞれのキックによる球質には、典型的なパターンがあります。

例えばインステップキックは、ライナーもしくはグラウンダーの直線的で鋭いシュートを打つのに適しています。インフロントキックは、山なりのボールやカーブをかけたコントロールシュートに適しています。

ストライカーは、こうした特徴によって、シュートのイメージを描き、その場面に適したキックを選んでいきます。その際にイメージを決定づけるのは、自分の技術に対する理解です。どのくらいのスピードで、どこまでボールが飛ぶのか、また、どうすればボールが曲がるのか。こういったものを確認するために、ストライカーは何度も何度もシュート練習を繰り返すのです。そして失敗や成功を積み重ねることで理解を深め、その精度を高めていきます。

私は、現役時代シュートを打つときには、インフロントキックを多用していました。その理由は、ボールへの当て方を少し変えるだけで、シュートの方向を変更しやすいからです。しかし、さまざまな経験を重ねる中で、それをアレンジし、さらに突き詰めていくことで、よりイメージに近いキックができる方法にたどり着いたのです。それが第3章「ゴールを決める駆け引き」の項目（123～131ページ）でも紹介した「母指球シュート」です。

このキックは、まず蹴り足をインサイドキックに近い形にします。そして、親指の付け根となる「母指球」の部分を、ボールの中心に強く当てるようにして蹴ります。足の親指を少し上に持ち上げると、親指から母指球にかけて微妙なアーチができますが、この部分をボールにぴったりと合わせるようにするとうまくいきます。このキックは、インサイドキックの正確さ、インフロントキックの蹴り分けの多様さ、インステップキックの力強さを兼ね備えており、いわばいいとこ取りのテクニックと呼べるものです。

私は、この母指球シュートと、インステップキックを、シュートの状況に応じて使い分けていました。インステップキックは飛距離の出る、強いシュートが打てるため、ゴールまで距離がある位置から、ミドルシュート、ロングシュートを狙う場合に主に使ってきました。また、至近距離でも、シュートコースが生まれた瞬間に、何より早く、強くシュートを打ちたいときなどは有効でした。母指球シュートは、インステップに比べてパワーはやや落ちますが、正確なキックができることから、狭いスペースを狙って的確にシュートを打つときや、蹴り分けができる特徴を生かしてGKと1対1の駆け引きの場面で使いました。

これらを実践する上で、いくつか注意したいポイントがありますので、順番に説明していきましょう。

POINT 1 キックの基本（姿勢、体の向き、添え足、腰の回転）

インステップキックには、蹴り足を垂直に立てて当てる蹴り方がありますが、この形では、体の向いた方向（おへその方向）に真っすぐボールが飛んでいくため、蹴る方向がわかりやすく、ボールの方向を蹴り分けるのも難しくなります。そのため、シュート時のGKとの駆け引きには向いていません。

そこで、ゴールにこだわるうえで、私がおすすめするインステップキックの蹴り方（171ページ写真上参照）があります。

まず、ボールを斜め前方に持ち出し、大きく踏み込んで、体を寝かせた姿勢を作ります。

添え足は、ボールに近いと窮屈で体の角度が作れないため、こぶし三つ分ほどボールから離して、蹴る方向に向けてつきます。添え足を踏み込むまでの間は、母指球シュートと同様に、「おへその向き」をシュートコースから45度~60度ぐらい外側に向けておくと、相手に蹴る方向が伝わりにくくなり、駆け引きにも使えます。また、添え足を蹴る方向に向けた状態から腰の回転を利用してキックすることで、バランスを崩さずにシュートを打つことができます。

一方、母指球シュート（171ページ写真下参照）は、蹴り足をボールに当てるギリギリのタイミングまで左右への打ち分けができるように考えられたキックです。ボールを持ち出して、添え足を踏み込むまでの流れは、インステップキックと一緒ですが、添え足のつき方に違いがあります。母指球シュートでは、添え足をついたときの体の向きがシュートコースに対して、ほぼ横向きの状態になります。

野球のピッチャーや、テニス選手が相手と対峙した姿をイメージしてもらうと分かりやすいと思います。これも第3章（126~131ページ参照）で説明した、「おへその向き」をシュートコースから45~60度ぐらい外側に向ける動きです。「添え足」は、やはりこぶし三つ分ほどボールから離し、体の向きに沿ったまま、自然な状態でつきます。蹴る方向に向けずにつくのが、インステップキックとの大きな違いです。スパイクの側面には、スポーツブランドのマークやラインが入っていますが、添え足をついたときは、これらがちようどGKから見やすい形になっています。

母指球シュートは、ここから腰を回転させながらボールをインパクトすることで、左右に打ち分けます。

POINT 2 腰の回転

前述したおへその向きと、腰の回転について補足します。インステップキックも、母指球シュートも、タイミングは違いますが、共に腰の回転を利用してボールを蹴ります。

例えば、手でボールを投げてみると腰の回転がよく分かると思います。ボールを遠くに投げようとすればするほど、体をねじる動作が必要になります。要するに、腕の動作に腰の回転を加えてボールを投げているのです。これはシュート動作でも同じことがいえます。

さらに、ボールを左右に投げ分ける場合も、シュートコースを蹴り分ける場合も腰の回転を使いながら、腕や脚のスイングを調整してコースの変更をしやすくしているのです。

つまり、インステップキックも母指球シュートも、おへその向き、添え足の向きを調整しながら、腰の回転を使うことでゴールの左右へと広角に打ち分けているのです。一見、当たり前のことのようですが、この原理に気付かず、ただ単に添え足の向きだけを意識して、感覚的にプレーしている選手がとても多いのです。

インステップキックは、腰を回転させながら、蹴り足を股関節から操作して、甲の部分をしっかりとボールに当てる必要があります。そこで、体を倒し、添え足を蹴る方向に向けて蹴ることでバランスを崩さずにシュートを打つことが可能になります。

対して、母指球シュートは、腰を回転させながら母指球部分をボールに当てるので、添え足はシュート方向に向けません。GK側から見れば、横向きで肩がゴール方向に向いた状態になっています。この姿勢には別のメリットもあります。これは、GKにとって、シュートコースが読みづらい状態です。さらにこの姿勢から腰を回して蹴ると、体の向き、蹴り足の軌道、シュートの方向が一致しません。

そのため、蹴り足がボールに当たる瞬間まで、シュートの方向は全く分からないのです。GKに迷いが生じれば、シュートへの反応も遅れ、ゴールが決まる確率も上がるのです。それが、私の狙いです。

POINT 3 間接視野

二つのキックで共通しているのは「ゴールの空いたスペース」を間接視野でとらえて打つことです。第3章の「ゴールを決める駆け引き」の項目（123～126ページ参照）でも説明しましたが、シュートを打つときは直接ゴールやボールを見るのではなく、間接的に周囲の状況を認知しながら狙います。そのために、シュートを打つ前からゴールへの道筋をイメージし、「シュートスポット」と共に「シュートコース」も事前に探しておく必要があるのです。

シュートするときに、ゴールやボールを直接視野で見ようとすると、顔を上げ下げする動作が生まれ、シュートまでの流れが遅くなってしまいます。しかし、間接視野であれば、シュートを打つことに集中できます。

POINT 4 ひざ下を振る

さらに、もう一つの共通点は、蹴り足のひざ下をしっかりと後方に振り上げることです。最近の子どもたちのシュートを見ていると、蹴り足のひざが棒のように伸びた状態で振っている子が増えました。これでは速くて鋭いシュートは打てませんし、GKには「シュートがどこに向かうのか」が丸見えです。

GKにとって厄介なシュートを打つには、ひざ下をしなやかに曲げ伸ばしして打つこともポイントです。なぜなら、インパクトの瞬間まで蹴り足がボールをとらえる姿がGKからは見えないからです。GKにインパクトのタイミングを計らせずにシュートを打つことも「ゴールを決める駆け引き」の一つです。

4-1 「インステップキック」と「母指球シュート」の蹴り方／共通点と違い

インステップキック
添え足はシュートする方向に向け、足の甲で蹴る

強いシュートを打てる蹴り方。添え足を踏み込む時点で、蹴る方向が決まる。

添え足の置き方

ボールと添え足の間はこぶし三つ分くらい離す。

ボールのとらえ方

ボールと地面の隙間に潜り込ませる。

添え足の置き方

ボールと添え足の間はこぶし三つ分くらい離す。

ボールのとらえ方

母指球をボールの中心に当てる。

母指球シュート
添え足は斜めに向け、母指球で蹴る

駆け引きができる蹴り方。インパクト直前まで、蹴る方向が選べる。

共通点／助走のときのおへその向き　顔を上げない　ひざ下を振る　添え足は大きく踏み込む　腰の回転を使って打つ

違　い／添え足の向き　ボールのとらえ方　駆け引きのタイミング

それに、ひざ下をしなやかに振って打つシュートは速く、鋭くコースを突けるのが特長です。自分で試してみるとよく分かります。ひざを棒のように伸ばした状態でシュートを打つのと、ひざ下を振ってシュートを打つのとでは、大きな違いがあることに気付くでしょう。

ここまで、インステップキックと、母指球シュートにおけるポイントを説明してきました。その違いや共通点について図4-1(171ページ参照)にまとめて、整理してみました。

ここで挙げたキックのポイントは、一般的な指導とは違うところが多いと思います。ただ、TRE式では、「ゴールを決める駆け引き」で、大切なこととして教えています。これはプロの世界で、いくつもの成功と失敗をしてきた経験から、参考にして欲しいポイントだと思っています。

選手によって体の構造が違うので、蹴り方もそれぞれに合ったものがあるのは間違いありません。ただ、シュートはあくまでもゴールを決めることが目的です。そこにはGKと1対1の勝負が待ち受けています。つまり、必然的に「ゴールを決める駆け引き」が重要になってくるのです。ただ、単純にシュートを打っているだけでは、勝負には勝てません。

私が伝えているのは、その勝負に勝つ「シュートの打ち方」です。

ですから、子どもたち自身がたくさんのシュート練習を積み重ねて学ぶことが大切なのです。それがゆくゆくは「蹴感」を身につけ、「シュート筋」を養うことにつながっていきます。それらを一つずつ積み上げていけば、自分なりのシュートの打ち方が完成していきます。

私には、そうした積み上げを強く感じる印象的なシュートがあります。それは、2011年のFIFAクラブワールドカップでネイマール選手が柏レイソル戦で決めた左足のゴールです。ネイマール選手は、目の前の相手を切り返しでかわし、ペナルティーエリアの右側から左足のインフロントキックでシュート。外側から内側に巻くような軌道を描いて、ボールはゴール左上隅に吸い込まれました。きっと、あのシュートは子どものころから何度も繰り返してきたからこそ、彼のイメージ通りにシュートが打てたのだと思います。もちろん私の想像にしか過ぎませんが、あの一連の動作から放ったシュートは、きっと彼の「蹴感」と「シュート筋」の賜物なのです。

2 ストライカーが身につけるシュートはタッチ数で分けると3パターンになる

ここまでは、蹴り方にフォーカスを当ててシュートの話を進めてきましたが、ここからは試合の状況に応じたシュートのパターンについて説明したいと思います。

一言でシュートといってもいろいろな状況でのシュートがあります。ドリブルシュート、味方からのパスをそのまま持ち出してシュート、クロスからのシュート、こぼれ球をプッシュしたシュートなど、さまざまな形のシュートがあります。

これを形だけで分類すると、なかなかパターン化できません。ですから、「TRE式ストライカー育成メソッド」では、シュートをタッチ数で考えて三つにパターン化しています。

▼3タッチ以上 → ドリブルシュート
▼2タッチ → コントロール&シュート
▼1タッチ → ダイレクトシュート

サッカーはさまざまな状況の中からゴールが生まれるため、すべてがこのパターンに当てはまるものではありません。ただし、シュートには「ゴールからの距離」、さらに「状況」が深くかかわるため、この三つに当てはまることが多くなります。

単純に、1タッチで行うダイレクトシュートは、ゴールからの距離が近い位置でのシュートです。ペナルティーエリアの外にこぼれたボールをダイレクトシュートするような場面もありますが、ケースとしては素早くシュートしたい状況で選択します。

次に、2タッチで行うコントロール&シュートです。これは1タッチなどで一度コントトロールをしたボールを間を空けずに、すぐシュートするため、腰の回転だけで打つような形が多くなります。必然的にシュートに必要以上の力を込めることができないことが多くなります。そのためゴールから大きく離れたような場所からは考えにくいプレーです。その多くはペナルティーエリア近辺になるはずです。

最後に3タッチ以上ですが、これは主にドリブルシュートになるでしょう。ペナルティーエリアの中など、多くの選手が密集している場所では、シュートを打つ時間とスペースが少ないため、1タッチや2タッチのシュートが有効です。しかし、ゴール前を少し離れた場所では、DF同士のギャップや、ライン間のスペースが生まれるため、ドリブルでその隙間を突き、シュートを打つ選択肢が生まれます。また、その位置からドリブルをスタートし、その勢いを利用して、エリア内に侵入するといった形もあります。

次ページから、ここで紹介した3パターンに分けたシュートのトレーニング方法を紹介していきます。ゴールまでの距離を考えながら、「GK・DFとの駆け引き」によってシュートを決める、ストライカーとして最も重要なテクニックを身につけていきましょう。

Let's Training

シュート

3タッチ以上のシュートトレーニング①
カットインからドリブルシュート

ゴールに対する角度をつけるために中央へ侵入

メッシ選手、ネイマール選手ら世界的なストライカーが多く活用する「カットイン」を身につけて、ゴールチャンスを増やしましょう。

▼サイドからボールを持ち出し、ドリブルで中央へと切り込んでシュートを打つ

これが、サッカーの試合で頻繁に見られる「カットインからのシュート」です。守備戦術が整備された現代サッカーで、このシュートが多用されるようになった理由は、第一に相手のプレッシャーが少ない場所でボールが受けられること、そして、その状態からＤＦが守備しづらい形で、シュートの角度を広く確保できるからです。

守備の基本的な考えとして、ゴールへの最短ルートの侵入を防ぐためには、どうしても中央の守備を固めたくなります。そのため必然的にサイドのエリアは守備が手薄になり、このエリアではパスを受けやすくなります。

この状況を生かして、「カットインからのシュート」を使えるようになれば、ゴールの確率を効果的に高められます。このシュートには、「仕掛ける場所」「中央へ切り込むための仕掛け」「ペナルティーエリアのラインに沿った進路」といったポイントがあります。

まず、ドリブルを「仕掛ける場所」は、ペナルティーエリアまで2～3mぐらいの場所が理想的です。

ドリブルで仕掛けるといっても、最優先すべきはシュートを打つことです。そのためには、少しでも中央エリアのシュートを打ちやすい場所に侵入したいところですが、DFはこれを阻むために、ドリブルの進路をゴールから遠ざけようとするでしょう。そこで重要なのが「中央へ切り込むための仕掛け」です。例えば、縦に突破するようなフェイントを仕掛けておいて中央に切り返すなど、DFから中央への意識をそらす工夫が必要です。

ペナルティーエリアの手前でフェイントをかけたら、「ペナルティーエリアのラインに沿った進路」を取るように、横方向へのドリブルで中央のエリアに侵入します。それと同時に、DFの間に生じるシュートコースを常に狙い、タイミングを図ります。間接視野でゴールのスペースをとらえて、ちょっとでも隙があれば、積極的にシュートを打ちましょう。このプレーでは、右利きの選手なら左サイドから、左利きの選手なら右サイドから仕掛けることで、利き足でゴールのファー（遠い）ポスト側へのシュートが狙いやすく、より効果的を発揮します。

このトレーニングの動き方

カットインからのシュートは、右サイドからなら左足、左サイドからなら右足でファーサイド①を狙うのが有効。状況に応じてニアサイド②に蹴る場合もある。

サイドでボールを受けたら、まずはDF役のコーンに向かってドリブルし、フェイントをかけて中央へ切り込みます。常にゴールへの意識を持ちながら、タイミングやコースを変えてシュート練習を行います。

Traning Point

間接視野でゴールをとらえる感覚をつかむことです。DFをかわした後は、常にシュートが打てるように意識を集中し、タイミングを逃さない訓練が必要です。

シュートを打つときに見えるゴールのイメージ

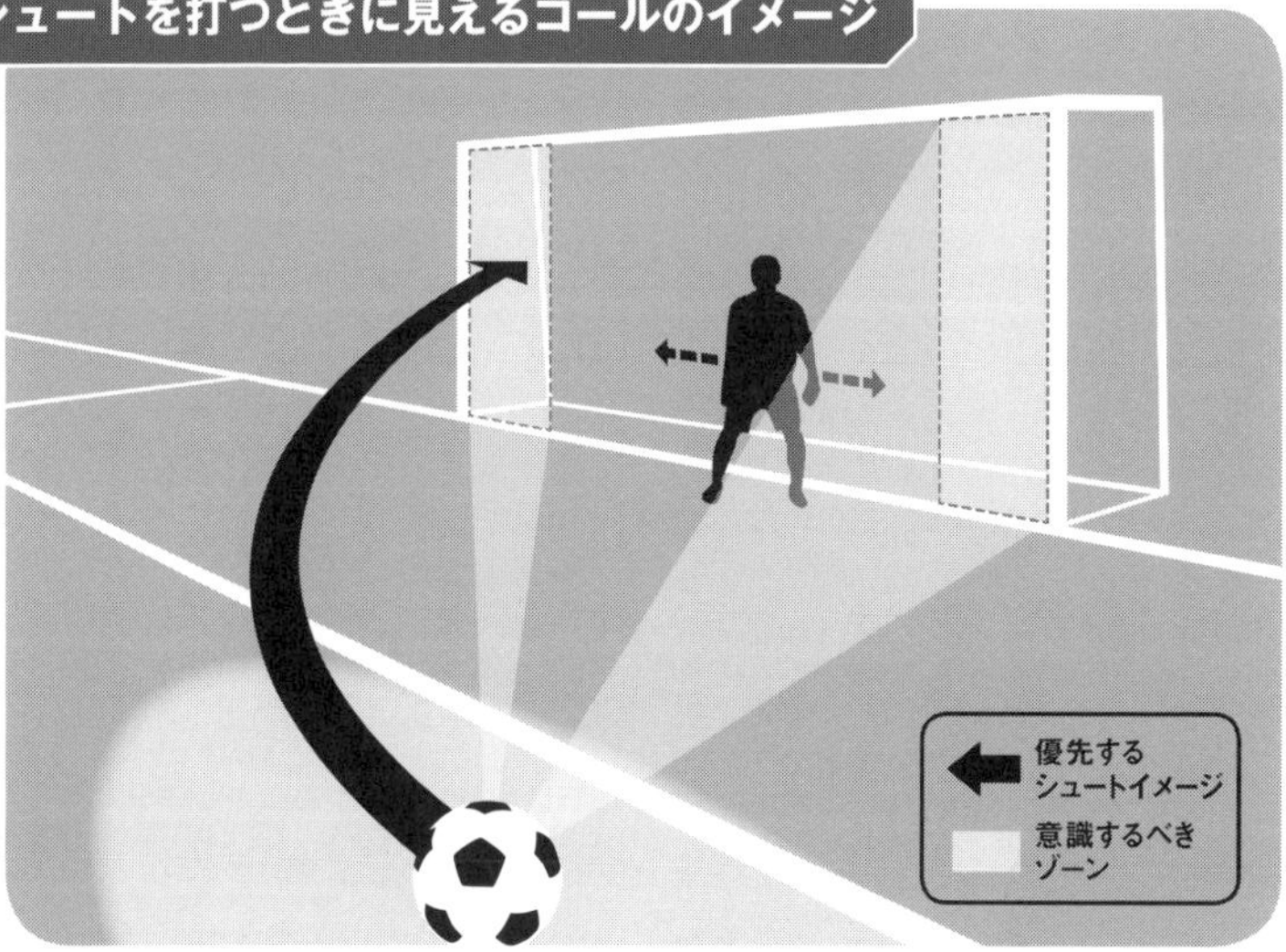

サイドのエリアから、カットインで中央に切り込む場合は、ペナルティーエリアの手前のラインに沿うように、DFを真横、もしくはマイナス（自陣側に戻る）方向にかわしていくイメージとなります。その状態で中央に切り込んでいくと、体はゴールに対してちょうど真横を向く（肩がゴールに向く）体勢でシュートを打つことになります。シュートを打つその体勢でゴール方向を見たときの視界がこのイメージ図です。相手選手が右側からドリブルでペナルティーエリアに侵入してきた場合、GKはゴール中央からややニアサイド（右側）に寄ったポジションを取ることが多くなります。そのようなゴール前の状況変化を間接視野で把握しながら、ゴールの空いたスペース（図の白い部分）へのシュートを狙います。右サイドからのカットインの場合なら、左足でファーサイドのポストぎわを狙うシュートが有効です。

DFを加えて、実戦に近い動きを磨く

守備の基本通り、ボールとゴールを結ぶライン上に立つDFを縦への動きで誘いながら、DFの重心が外に移動した瞬間に、一気に中央を狙います

Let's Training

シュート

3タッチ以上のシュートトレーニング②

中央突破でのドリブルシュート

DFとの間合いでかわし方を変える

中央のエリアでDFと1対1になり、その後ろにGKしかいない状況であれば、ドリブルで中央突破を狙い、シュートまで持っていくのがストライカーには必要です。特に小学生の間は成功しても、失敗しても、このチャレンジを続けることが大きな経験になります。むしろ、そういう場面で味方の攻撃の上がりを待っている選手がいたら、「積極的にゴールを狙おう」と背中を押してあげましょう。では、そういう状況になった場合、具体的には、どう仕掛けたらいいのでしょうか。

中央エリアでの1対1の場面では、ゴールに体を向けているストライカーが圧倒的に優位です。それは「ゴールへの最短ルートを進むには、DFをどうかわすか」という原則に基づいて、ドリブルの仕方を考えます。第3章のボールの持ち出し方の項目（132～138ページ参照）でも触れましたが、基本的にDFをかわす方向は左右のどちらかですが、どちらにかわすにせよ、かわす角度によってゴールへのルートに差が生まれます。

もちろんDFも、こちらの動きに対応して動くため、かわす角度は相手との間合いによっても変化します。私の経験と分析によれば、DFをかわす角度は主に2パターンに分けられます。状況によってさまざまな展開があるため、もちろん例外はありますが、このパターンが基本として身につけていることは、とても大きな意味を持ちます。

▼相手との間合いが遠い場合、120度の角度でかわす
▼相手との間合いが近い場合、90度の角度でかわす

まず、DFが遠い場合は先手を取って、自分が先にスピードに乗る形を作った方が絶対に有利です。ですから、DFが足を出しても届かない距離を前提に、120度の角度で前方にボールを持ち出すようにコントロールしてシュートまでいきます。

次に、DFが近い場合はなるべく相手との間合いを空けるために、シザースなどのフェイントで左右に揺さぶりをかけることを心がけてください。すると、DFの重心が左右どちらかに傾く瞬間が必ずあります。その瞬間に合わせてボールを90度方向にいったん持ち出し、すかさず縦方向に連続タッチで押し出し、前に進みます。そうすれば、後はGKとの1対1でシュートの仕上げをするだけです。

この二つのプレーで共通する大切な点は、ボールと一緒に体も運ぶことです。ゴール前では、ボールが体から離れてしまうと、シュートチャンスを逸してしまうケースが増えるので注意しましょう。

このトレーニングの動き方

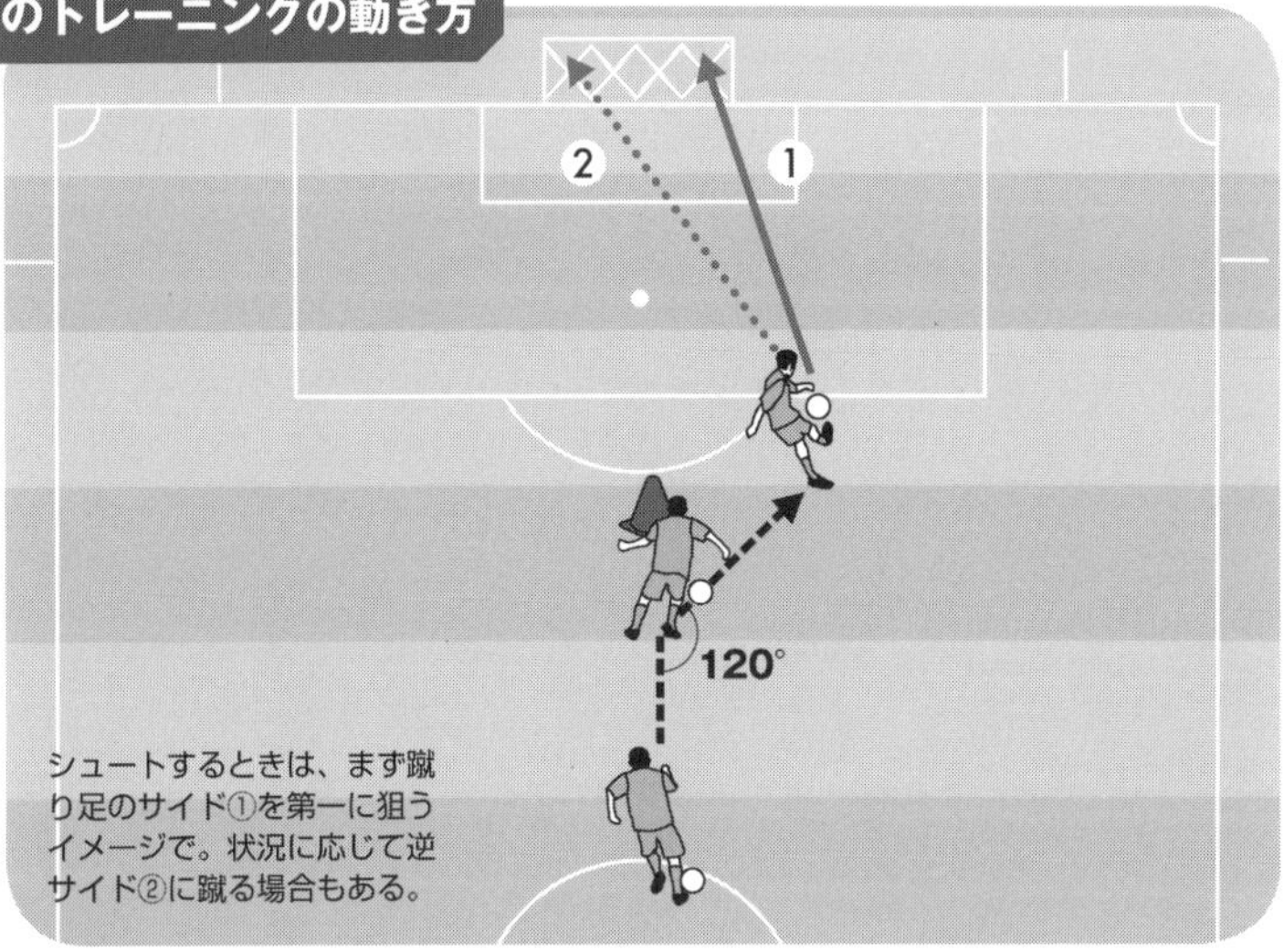

1
2
120°
シュートするときは、まず蹴り足のサイド①を第一に狙うイメージで。状況に応じて逆サイド②に蹴る場合もある。

コーンに向かってドリブルし、120度の角度でボールを持ち出して自分も勢いに乗るパターン、左右に揺さぶってから90度方向に切り返すパターンを繰り返し練習します。

Traning Point

ボールだけに集中せず、相手の動き、間合いに注意を払いましょう。左右にかわした後のボールタッチもシュートを意識して、体から離し過ぎないようにします。

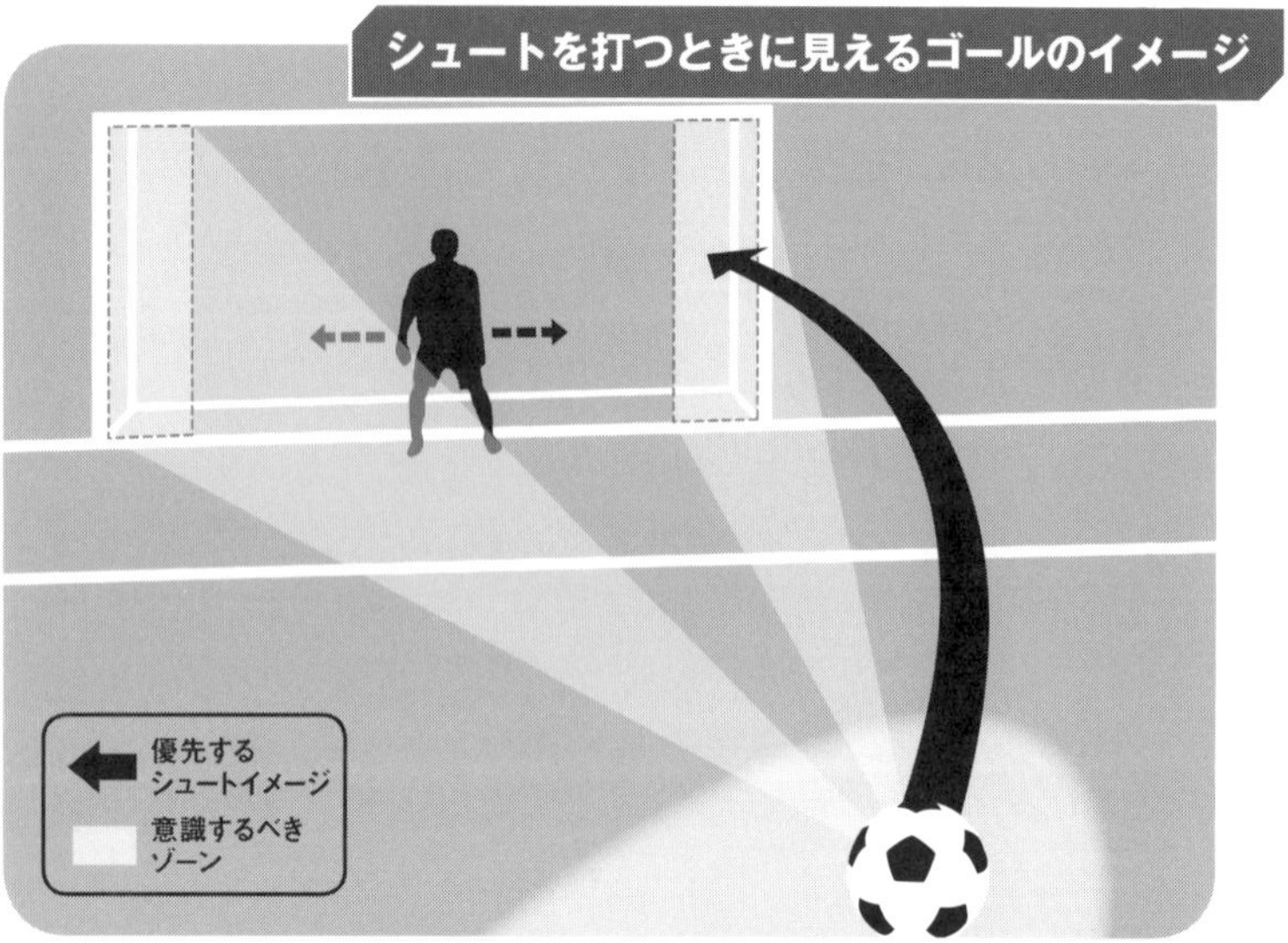

　中央からのドリブルでDFを右に抜き、GKと１対１の状況になったときの視界がこのイメージ図です。GKのセオリーとして、目前のDFが抜かれてしまったときは、同サイドをまずケアしようと動くので、このケースでもGKは少しニア側に寄ったポジションを取るはずです。すると左のファーサイド側にスペースが広く空いて見えるため、そのままシュートを打とうとしがちですが、ここで一つ駆け引きを利用してみましょう。

　DFを抜いた後、母指球シュートの体勢で、ニアポストの外側に体を向けると、ニアにシュートを打つ印象を強めることができ、これでGKを確実に右側へ誘い出せます。この動きを間接視野でとらえながら、ファーサイドにシュートすれば、ゴールの確率は高まります。ただしGKがあまり動かずに真ん中に立ち続ける場合は、ファーサイドを狙うと、シュートしたボールがGKの前を通りキャッチされやすくなるため注意が必要です。GKが真ん中にいるならば、ニアサイドを鋭いシュートで狙いましょう。

DFを加えて、実戦に近い動きを磨く

写真は120度でかわすパターン。DFが間合いを寄せてくるタイミングを狙って、120度前方にボールを持ち出し相手と入れかわっているのが分かります。

Let's Training

シュート

2タッチのシュートトレーニング①
ターンからのシュート

DFとの状況によってターンする方向を決める

ゴール前に近づくほど、ストライカーには、マークに付くＤＦを背負う状況がどうしても増えてきます。その状況でシュートをあきらめてしまえば、ゴールチャンスは限られてしまいます。そのため、ＤＦを1タッチコントロールでかわしながらターンし、シュートを打つ技術はストライカーにとって、必須の技術といえます。

この「ターンからのシュート」で重要なのは、ＤＦを確実にかわすことができる1タッチコントロールの精度です。これが、ゴールの確率を決めるといってもいいでしょう。では、1タッチコントロールによって、うまくＤＦをかわすにはどのようにプレーしたらいいでしょうか。

ゴールを背負ってパスを受けるとき、ＤＦはストライカーを振り向かせないために体を密着させるように守ってきます。そのマークを外すには「体の向き」と「手の使い方」がポイントになります。

「体の向き」はＤＦに対して半身にするのが基本です。その理由は、ボールとＤＦの両方を視野に入れることができるからです。また、半身の状態を作ると、手や体を使ってボールを相手から遠ざけられるため、プレーしやすいスペースが生まれます。そのため、DFも安易に間合いを詰められなくなります。もしボールに対して体を真っすぐに向けてしまうと、DFの位置が全く把握できないのに加え、ボールを相手の足が届く距離に置くことになります。

半身の状態を作ったら、次は「手の使い方」が重要になります。手を使ってDFとの距離を測りながらボールを受けるタイミングを狙います。パスの出し手とタイミングが一致したら、いったんゴール方向に向かう動作を入れます。この動きに合わせてDFがついてこようとした隙に、足元でパスを受けるために少し下がります（チェックの動き）。そのとき、DFが慌てて体をぶつけて守ろうと追いかけてくるので、その動きを察知してかわす方向を判断します。

ボールを受ける瞬間は、状況によってアウトサイドやインサイドを使い分け、DFから離れるように1タッチコントロールをします。その角度は90～120度が目安です。こうすることで、押し出したボールとDFの間に入り込むようにターンすることができます。ボールタッチの強弱に注意してターンできれば、後はシュートを残すだけとなります。ターンする方向によって、ゴールに向かう角度が変わるので、しっかりと間接視野でゴールの空いたスペースをとらえてシュートする習慣を身につけましょう。

このトレーニングの動き方

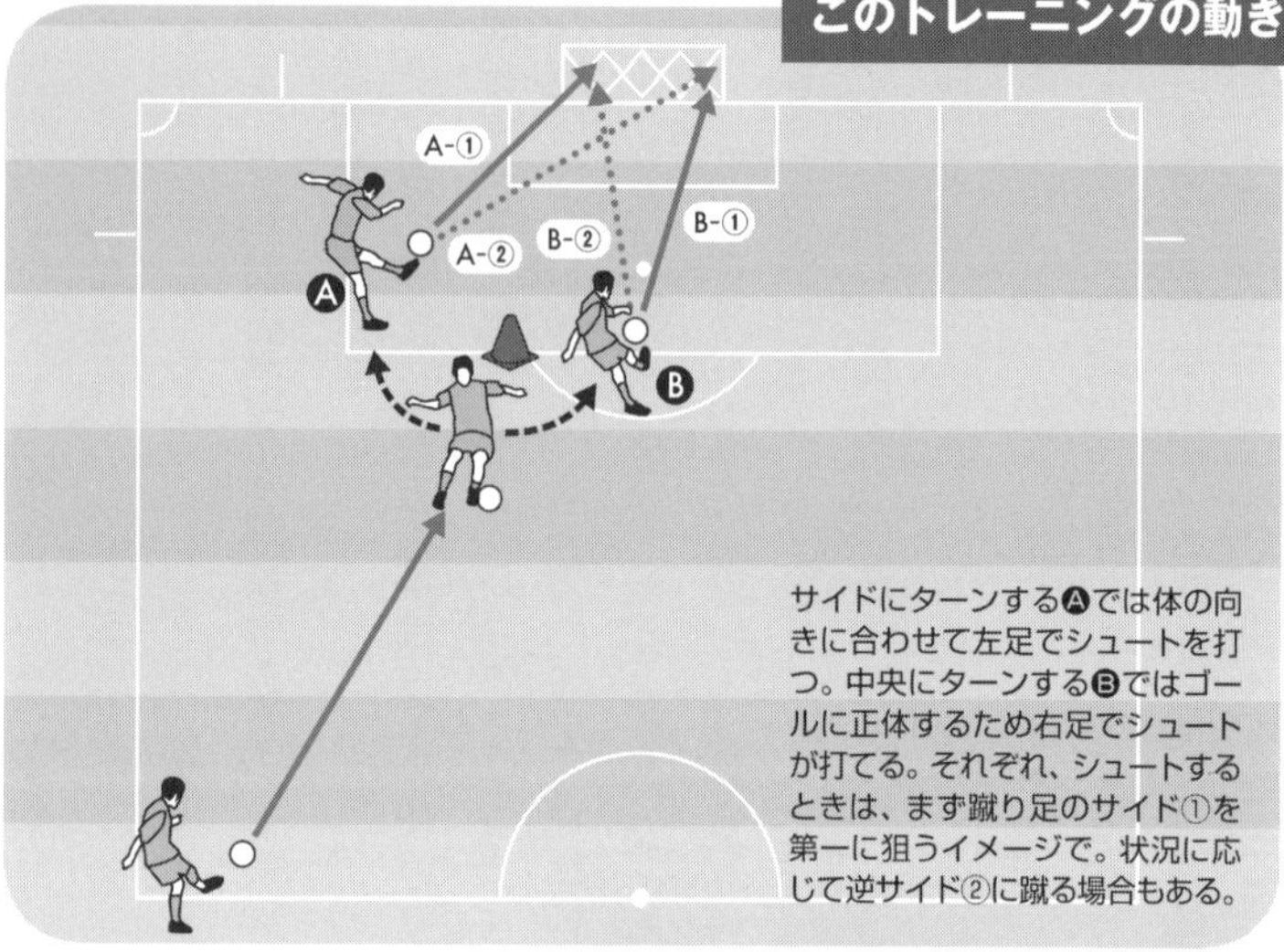

サイドにターンする❹では体の向きに合わせて左足でシュートを打つ。中央にターンする❺ではゴールに正体するため右足でシュートが打てる。それぞれ、シュートするときは、まず蹴り足のサイド①を第一に狙うイメージで。状況に応じて逆サイド②に蹴る場合もある。

ターンにはサイドにターンする❹と、中央にターンする❺の2通りがあります。DFの動きに対応できるように、どちらの方向もバランスよく練習しましょう。

Traning Point

半身の向き（右向き、左向き）や、パスの方向によっても、ターンする際のボールタッチの仕方や、抜け出し方が変わります。数多くのパターンで対応力を身につけましょう。

シュートを打つときに見えるゴールのイメージ

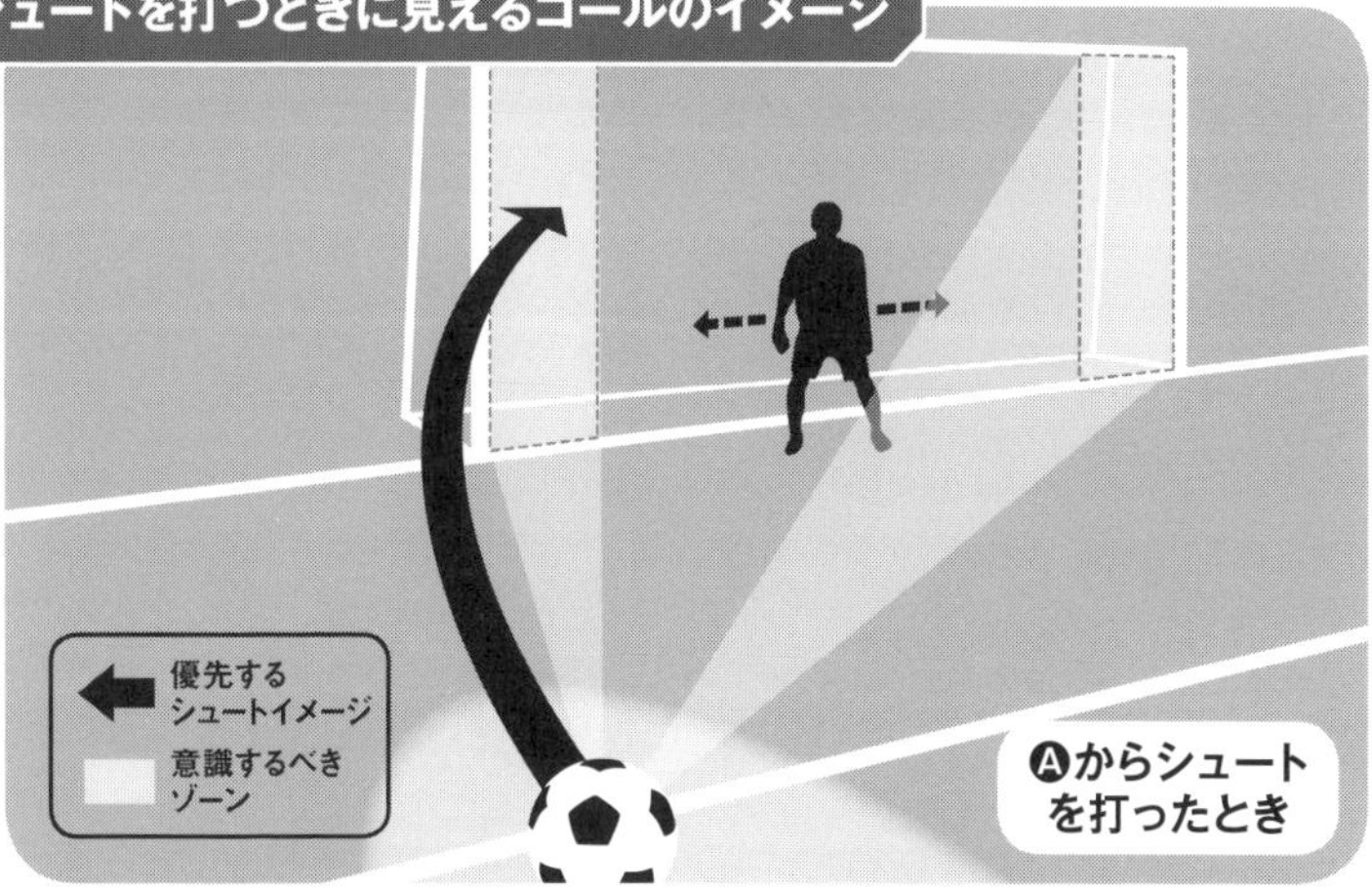

Ⓐの方向に抜け出した場合は、ターンの流れに逆らわずに、左足でゴールに近いニアサイドを優先して狙います。Ⓑの方向にターンして中央に抜けた場合は、カットインからのシュートの動きに近くなります（176ページ参照）。

DFを加えて、実戦に近い動きを磨く

相手の寄せに合わせて右足アウトでターン。シュートを狙える角度がやや狭くなります。

相手の寄せに合わせて左足アウトでターン。シュートを狙える角度を広く保ちゴールに向かえます。

Let's Training

シュート

2タッチのシュートトレーニング②

1タッチコントロールからのシュート

ボールをコントロールする方向はDFの状況で判断する

1タッチコントロールからのシュートは、ゴール前の状況によって、さまざまなケースが想定できます。ここで紹介するトレーニングは「DFの裏に1タッチコントロールで抜け出してシュートを打つ」という状況を設定したものです。

2タッチのシュートトレーニング①（186～190ページ参照）は、足元でボールを受けて、ターンしながら前に出る動きでしたが、このトレーニングでは、足元でボールを受けて、1タッチコントロールしながら前に出る動きを身につけます。同じように足元でパスを受ける形でも、スペースに入ってきたときの体勢やパスの角度によって、対処するいくつかのパターンを持っておくことで、ゴールを決めるチャンスが膨らみます。

ゴール前でパスを受ける場合、一番に考えるのは「どうやってシュートにつなげるか」ということです。ゴール前のエリアで、パスを受ける状況では、DFラインがしっかりとそろっているケースが多くなります。その状態で、足元にボールを収めてしまうと、一気にDFに間合いを詰められ、何もできずに終わる可能性が高くなります。ですから、シュートを打つためには、ＤＦラインがそろっていることを逆に利用してＤＦの背後のスペースを突くアイデアが必要になるのです。その場合、選択肢が二つあります。

▼パスの方向に沿う1タッチコントロール……Ⓐ
▼パスの方向に逆らう1タッチコントロール……Ⓑ

ⒶとⒷのどちらを選択するかは、パスの方向と強さ、マークに付くＤＦとの距離、そしてＤＦ同士の距離が主な判断材料となります。

例えば、パスが右から強めに来て、自分の右方向にいるＤＦ同士の距離間が狭いようであれば、パスの勢いをそのまま利用しながら左側にボールを流すようにコントロールしてシュートまで持ち込みます。右方向のＤＦ同士の距離が詰まっていることは、裏返せば、左方向にはスペースが空いている可能性が高いということです。

これはあくまでも一例ですが、左右どちらの方向を選択するかによってシュートの状況も変わってくるため、この二つの判断は的確に行いたいものです。まずは練習の中でたくさんの失敗と成功を重ね、徐々に判断の精度を高めていきます。1タッチコントロールをする前に、ゴール方向に体を向けて間接視野を確保する工夫なども身につけるようにしていきましょう。

このトレーニングの動き方

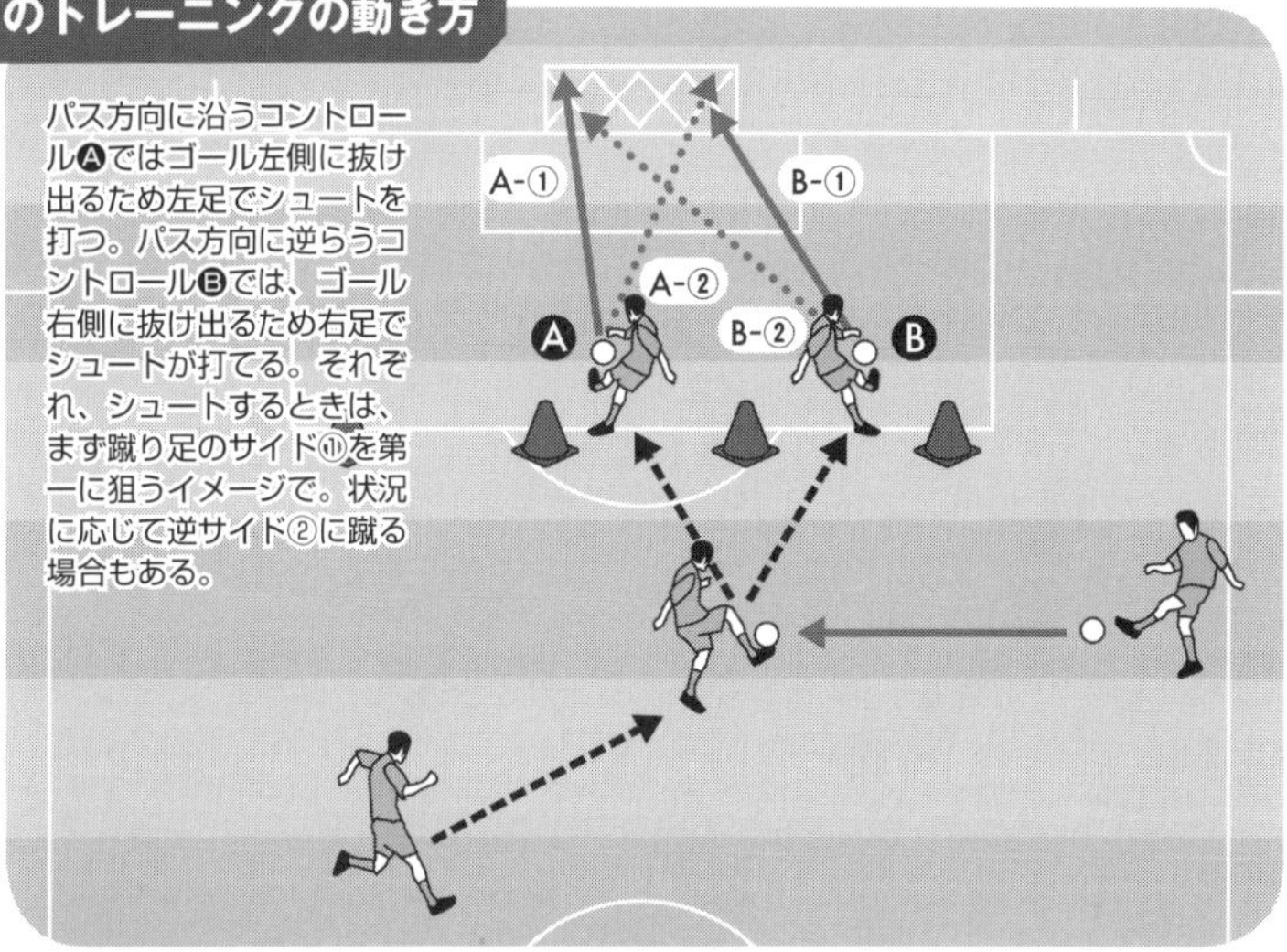
パス方向に沿うコントロールⒶではゴール左側に抜け出るため左足でシュートを打つ。パス方向に逆らうコントロールⒷでは、ゴール右側に抜け出るため右足でシュートが打てる。それぞれ、シュートするときは、まず蹴り足のサイド①を第一に狙うイメージで。状況に応じて逆サイド②に蹴る場合もある。
A-①
B-①
A-②
B-②
A
B

横パスに合わせて、パスの方向に沿うコントロールⒶと、パスの方向に逆らうコントロールⒷの2パターンをバランスよく練習しましょう。

Traning Point

パスの方向に沿うコントロールⒶは、ボールに触れる直前に半歩バックステップを踏むと、ボールを流して受けやすく、相手の逆も突きやすくなります。

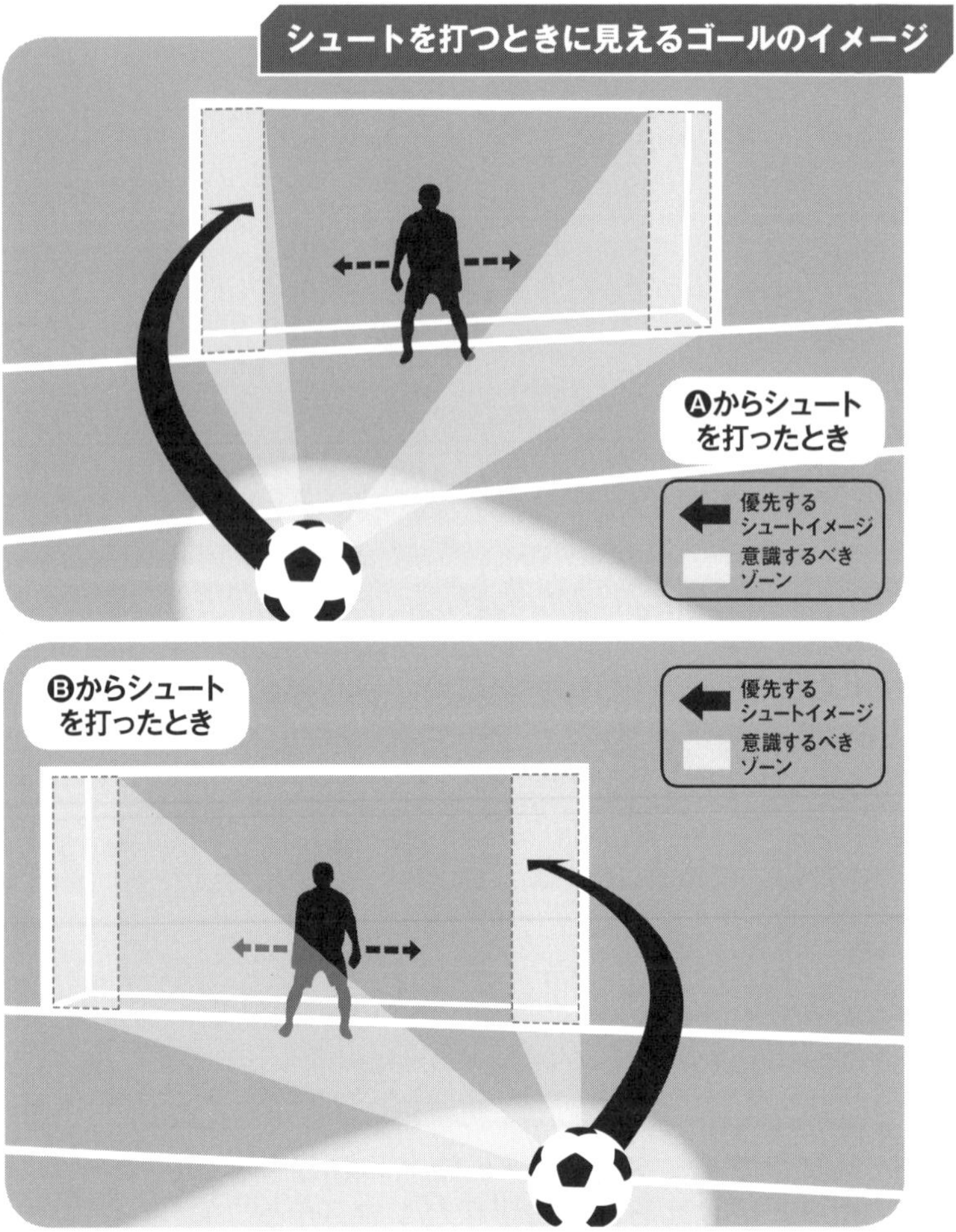

パスを受け、DFラインを抜けたら、シュートはⒶⒷともに蹴り足のサイドを狙うのが基本になります。母指球シュートの体勢で、GKの動きを間接視野でとらえながら逆サイドに流し込む駆け引きがとても有効です。

DFを加えて、実戦に近い動きを磨く

Ⓐはボールを左のインサイドで左側に受け流して持ち出します。Ⓑは右のインサイドでDFの間を抜けるようにコントロールして、シュートします。

Let's Training

シュート

1タッチのシュートトレーニング①
クロスからのダイレクトシュート

走り込む位置によってシュートの選択肢が変わる

ゴール前でサイドからのクロスにダイレクトで合わせる形は、サッカーの得点パターンとして典型的なものです。ＤＦとしては、ゴール前に入ってくるＦＷと、サイドエリアにあるボールの位置、クロスボールのタイミングなど、複数の状況を同時に把握するのは難しいものです。つまり、このようにＤＦが守備しづらい状況を生かした攻撃が、クロスボールを使ったサイド攻撃を仕掛ける意味となります。ですから、クロスからのダイレクトシュートもそのような利点を理解し、生かせるように練習しなければいけません。ただ単に形をまねするだけでは、試合ではなかなかゴールを決めることはできないでしょう。

クロスからのダイレクトシュートはゴールに対して、「ニア」「中央」「ファー」と、三つにエリアを分けて考えます。「ニア」とは、クロスを上げる選手から見て近いサイドのことです。「ファー」とは、遠いサイドのことを指します。ゴール前「中央」のエリアはフィジカルに自信があるＤＦが密集しているため、私のように体が小さい選手にとっては不利な場所です。そこで狙いどころとなるのが、「ニア」と「ファー」です。体の大小は抜きにしても、中央のエリアはDFのチェックも厳しいため、ニアかファー、いずれかのエリアにタイミングよく飛び込むことが、ゴールの確率を高める近道です。「ニア」と「ファー」でクロスを狙う際に大事なことは、オフ・ザ・ボールの動きを利用してDFの背中を取るようにして、マークを外し「フリー」になることです。「ニア」「ファー」「中央」とエリアごとに、フリーになるためにオフ・ザ・ボールの動きも交えながら、クロスからのダイレクトシュートを練習をしていきましょう。

例えば、右からのクロスを「ニア」で合わせるなら、いったんDFの背後に入り、DFが自分を確認しようと顔を向けた瞬間にダイアゴナル＝「横－縦（前）」の動き（145ページ参照）で、ニアサイドに入ります。また、「ファー」で合わせるなら、DFの視界にいったん入り、注意を引きつけておいてから一気にプルアウェー＝「縦（後ろ）－横－縦（前）」の動き（145ページ参照）で動いて「ファー」に走り込みます。「中央」の場合は、チェック＝「横－横」や「縦－縦」の動き（145ページ参照）を状況に応じて活用します。

もちろん、クロスを上げる選手がゴール前の状況を把握したうえでキックできればいいですが、そうでないときもあります。ただ、チームで繰り返し練習することで、キックする選手も「うちのストライカーはいつもここに入るよな」と理解し、クロスを上げてくれるようになります。味方を信じて、エリアに走り込むこともときには大切なのです。狙い通りにクロスが上がってくれれば、後は落ち着いてシュートに集中するだけです。

「ニア」に入り込んでシュートする動き方

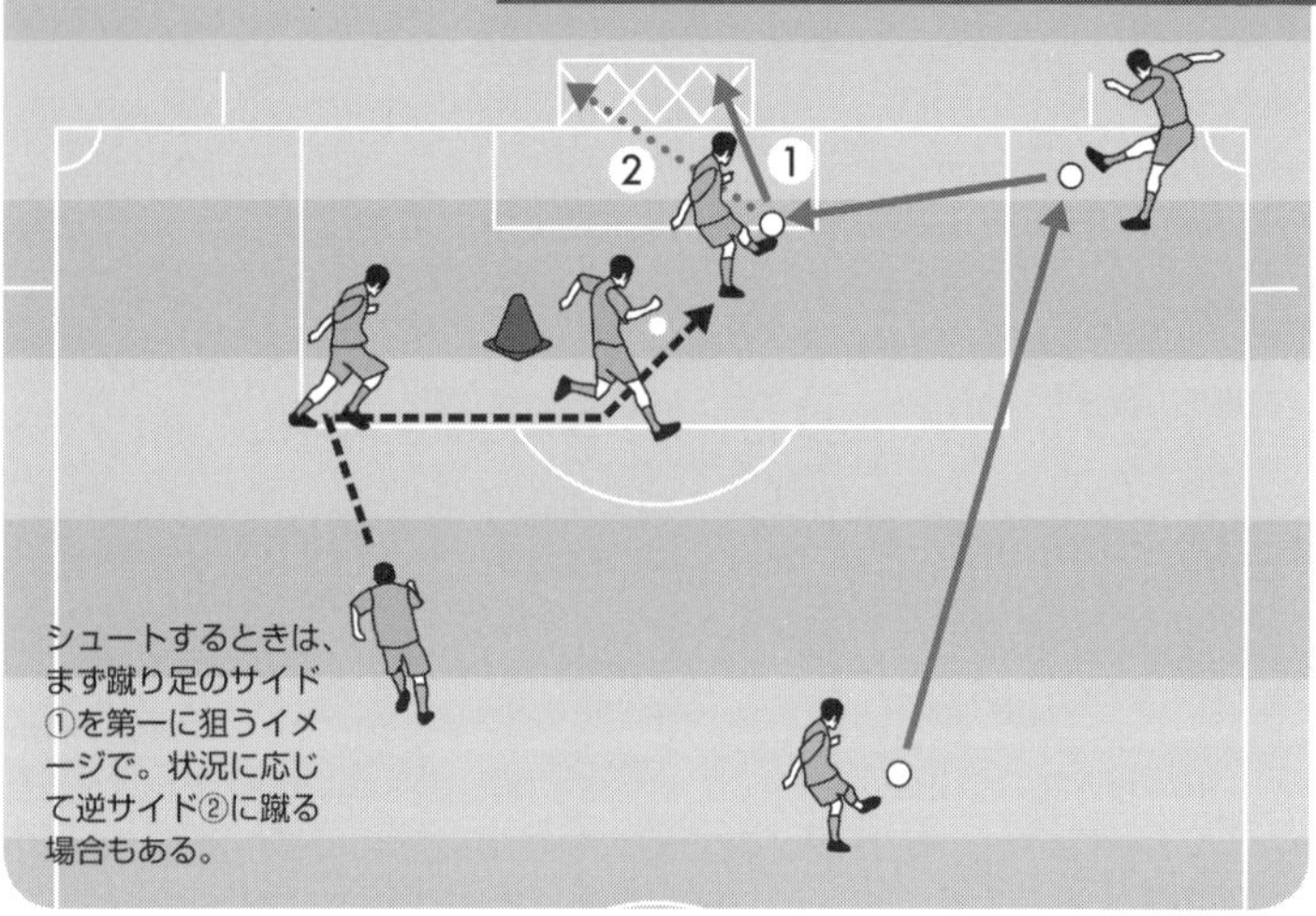

シュートするときは、まず蹴り足のサイド①を第一に狙うイメージで。状況に応じて逆サイド②に蹴る場合もある。

ダイアゴナルの動きを取り入れて、横から縦に入る動きで、DFの背後から「ニア」に走り込んでシュートを打ちます。

Traning Point

いったん背後に回り、DFの注意を引くようにします。相手が自分を確認する動きと同時に、ニアへ走り込むタイミングを合わせられるようにしましょう。

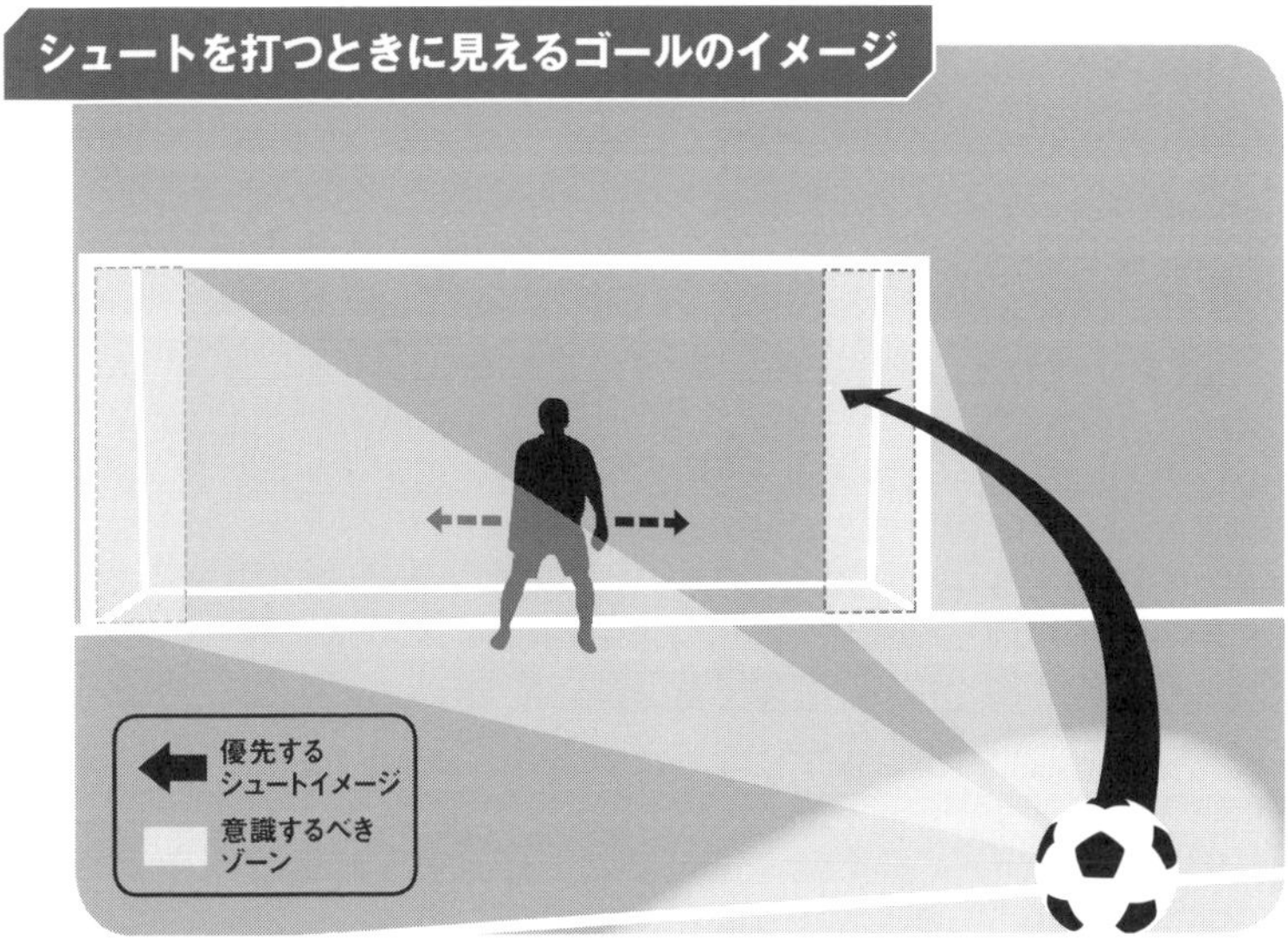

　サイドからのクロスに合わせるように、マークするDFをダイアゴナルの動きではずして、ニアサイドに走り込んできたときの視界がこのイメージ図です。左サイド側から走り込む場合は、クロスボールを右足でニアポストぎわにシンプルに押し込むのが理想です。クロスをニアサイドで合わせるときのポイントは、走り込む角度です。ゴールラインに対して垂直に近い角度で入ってしまうと、体は正面を向いているので、横からのボールを受ける際に、いったん体の向きを変える必要があります。そのため、ミートするタイミングを逃す場合があるのです。

　しかし、クロスボールが自分に向かってくるような角度で走り込めれば、体はゴールに対して真横を向く（肩がゴールに向く）体勢になります。つまり、これは母指球シュートで合わせやすい角度です。GKやDFが詰めてきている場合は、瞬間的に蹴り分けてファーサイドへ流すことも可能になります。

DFを加えて、実戦に近い動きを磨く

「ファー」に向かう動きで、DFの顔が自分の方に向いた瞬間に一気に「ニア」に走り込んでいます。DFを振り切ったら、後はクロスを流し込むだけ。

「ファー」に入り込んでシュートする動き方

右足で合わせるときはファーサイド。左足で合わせるときはニアサイドを狙うのが基本。

プルアウェーの動きを取り入れて、縦ー横ー縦の動きで、「ファー」サイドに入ってボールを合わせます。

Traning Point

あえて相手の視界に入る動きから、瞬間的なクロスステップで背後に回り込みファーサイドを狙います。同時にパスを受ける体勢も作ります。

シュートを打つときに見えるゴールのイメージ

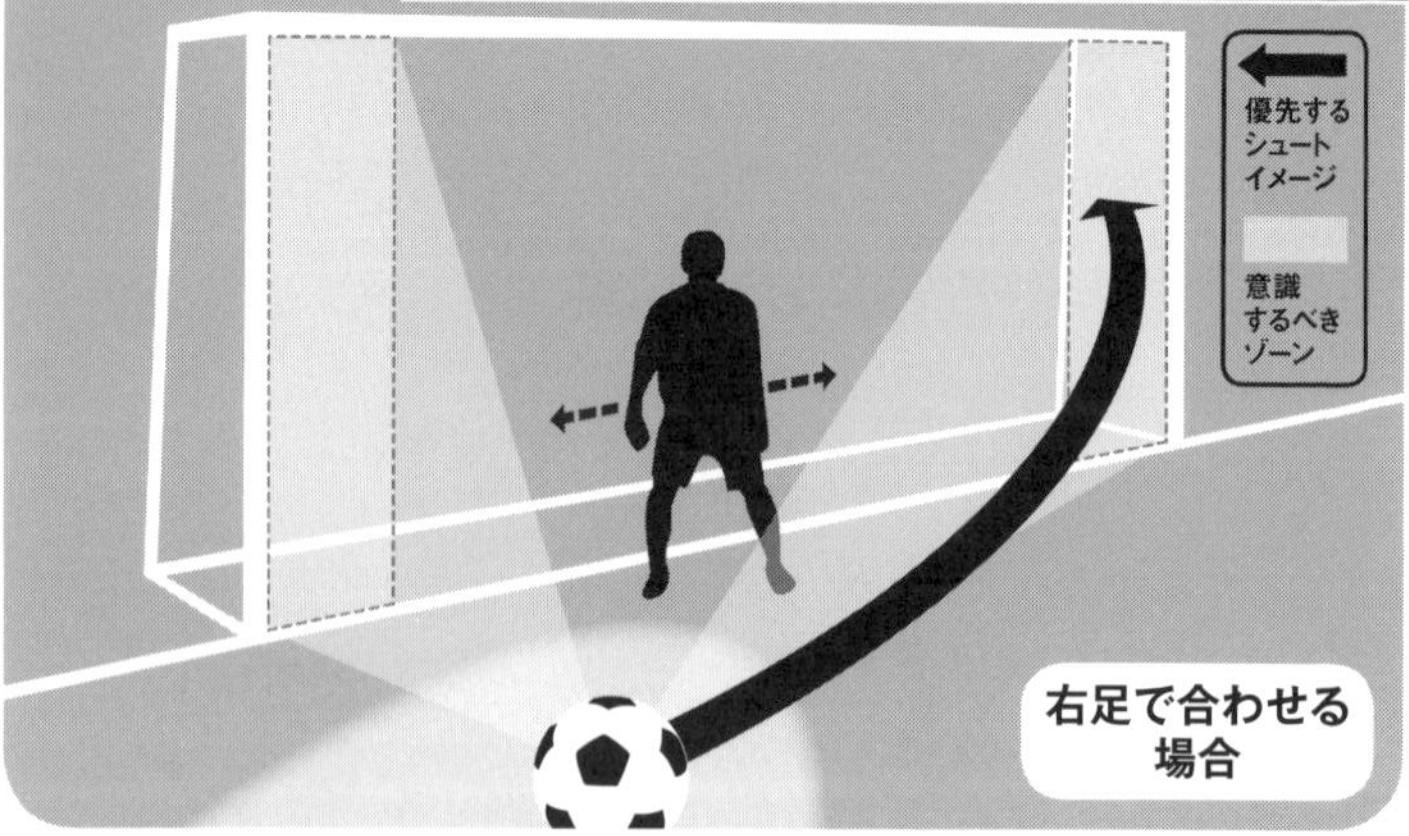

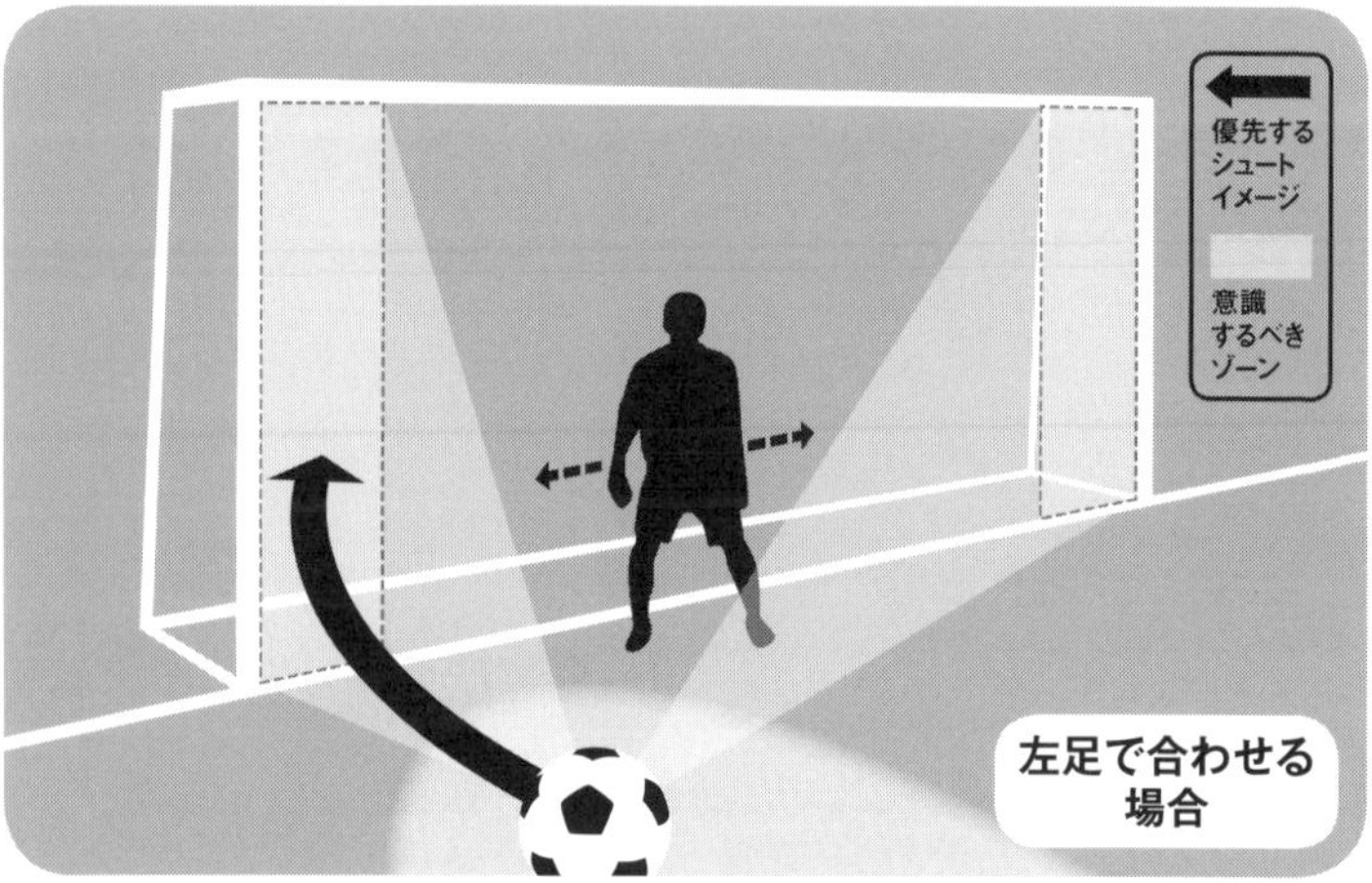

ファーサイドでは、ボールの受け方で蹴り足を使い分けます。クロスが短い場合は右足、クロスが長くなった場合は左足で合わせます。ダイレクトで合わせるために、添え足、蹴り足をタイミングに合わせて素早く操作します。

DFを加えて、実戦に近い動きを磨く

写真2~4の、瞬間的に相手の背後に回り込む動きをマスターしましょう。相手がボールに注意を向けた瞬間に、クロスステップで遠ざかり、いかにDFとの距離を作るかが勝負です。

「中央」に入り込んでシュートする動き方

シュートするときは、まず蹴り足のサイド①を第一に狙うイメージで。状況に応じて逆サイド②に蹴る場合もある。

クロスを上げる選手がタッチラインまで仕掛けたため、「チェック」（縦ー縦）の動きで斜め後ろに下がり、中央でパスに合わせてシュート。

Traning Point

ゴールライン付近まで深く入った選手からボールを受ける場合、自分も「中央」や「ニア」に折り返す動き直すことが効果的です。

シュートを打つときに見えるゴールのイメージ

ファーサイドでクロスを受けようとゴール前に走り込み、ＤＦを引き付けながら、チェックの動き（縦—縦）で逆を取り中央のスペースに入ってきたときの視界がこのイメージ図です。中央に入ってくるときは、ゴールに対して横向きの体勢を取り、母指球シュートでボールに合わせるのがおすすめです。ゴール前の状況を間接視野でとらえ、空いたスペース（図の白い部分）へのシュートを狙います。クロスボールが浮き球か、グラウンダー（地面を転がるボール）かによって、多少の差はありますが、左右へのシュートの打ち分けが比較的しやすい場所です。しかし、大きく回り込み過ぎて体がゴールの正面を向いてしまうと、クロスに合わせるために体勢を整える動作が必要になるため、タイミングを逃してしまうことがあります。

DFを加えて、実戦に近い動きを磨く

DFの意識をしっかり「ファー」に向けています。DFをここまで引きつければ、仮に自分がシュートを打てなくても、ゴール前にシュートコースを作ることには成功しています。

Let's Training

シュート

1タッチのシュートトレーニング②

スルーパスからのダイレクトシュート

ＤＦラインの背後で直接パスをもらってシュート

ＤＦラインの裏を突いてスルーパスを引き出し、ダイレクトでシュートを打ってゴールを決めることは、ストライカーにとって一つの理想形です。なぜなら、自陣からの最短ルートでゴールを陥れることができるからです。このプレーがうまいのは、Ｊリーガーであれば佐藤寿人選手（元日本代表／名古屋グランパスエイト）、海外では第３章の１４９ページでも紹介した元イタリア代表のインザーギです。

このスルーパスからのダイレクトシュートは、いかにタイミングよく「ＤＦラインの裏のスペースに抜け出すか」が重要です。第３章で説明した「駆け引き」（１３２～１５１ページ参照）とも深くかかわっていますが、「ＤＦをかわす駆け引き」と「ボールを受ける駆け引き」とを状況に応じて組み合わせ、ＤＦラインの裏のスペースで、シュートに直結するパスを受けることが目的です。相手ＤＦがラインを調整しようとしたタイミングを逃さずに、前方に走り抜けるスタートを切れれば、驚くほどきれいにＧＫと１対１の状況を作り出せ、シュートを打つことができます。

このプレーで大事なことは、「予備動作」です。ボールを持った選手から単純にパスを引き出そうとしても、マークに付くＤＦは自分の背後で守っているため、動きが予測されてしまいます。ですから、結果的にパスの出し手になる選手にボールが入る前から、裏に抜け出すための仕掛け（予備動作）をしておく必要があります。

パスの出し手となる選手に、余裕が生まれるのは主にサイドのエリアです。そこにボールが入るまでの流れに合わせて、ＤＦの背後に回ったり、横に動いたりしながら裏スペースに入れるチャンスをうかがいます。

目安になるのは、パスを得意にしている選手がサイドでボールを受ける一つ前の「横パス」です。そのパスを受けた選手に対して、次のパスを受けるような形で近づき、ＤＦを前方におびき寄せます。すると、ＤＦの背後が空くため、一気にその裏のスペースに走り込んでパスを呼び込みます。

ＤＦラインが自分に釣られることで生まれるスペースにもよりますが、裏へと抜け出すにはオフ・ザ・ボールの動きである「ダイアゴナル」、もしくは「プルアウェー」を使います。

このトレーニングではスルーパスを引き出すために、横パスを回すところから「予備動作」を入れ、オフ・ザ・ボールの動きで裏に抜け出す流れを何度も繰り返します。動き出しのタイミングや、走り出しの動き方などを身につけましょう。

「ダイアゴナル」でスルーパスを引き出す

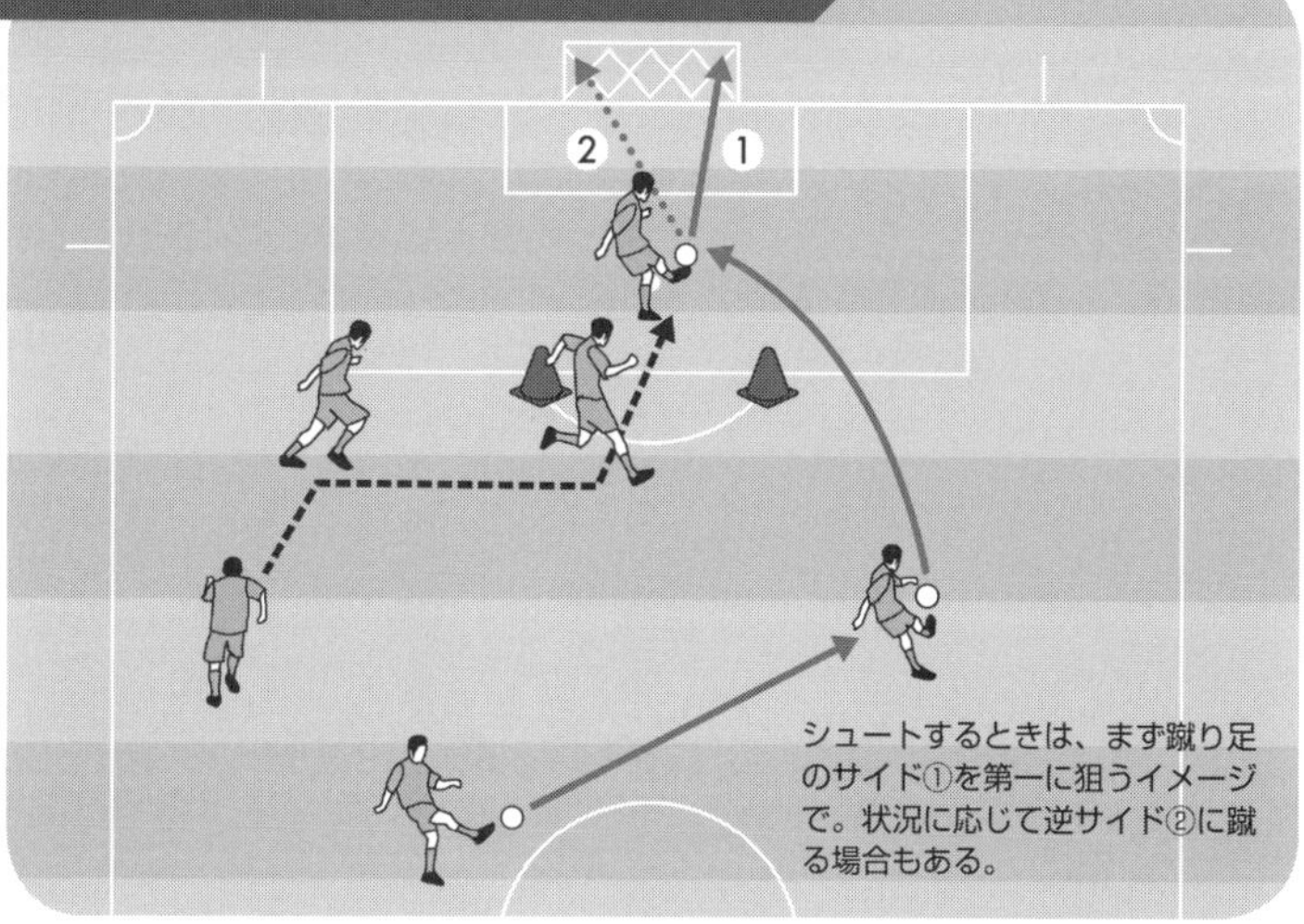
②
①
シュートするときは、まず蹴り足のサイド①を第一に狙うイメージで。状況に応じて逆サイド②に蹴る場合もある。

横パスに合わせて自分もDFをおびき寄せる「予備動作」をスタート。コーンとコーンの間を横の動きで移動しながら、タイミングを合わせて、一気に縦の動きで裏を突きます。

Traning Point

横パスに合わせて「ダイアゴナル」を仕掛けましょう。横の動きで「誰がマークに付くのか」と混乱させるのが狙いです。

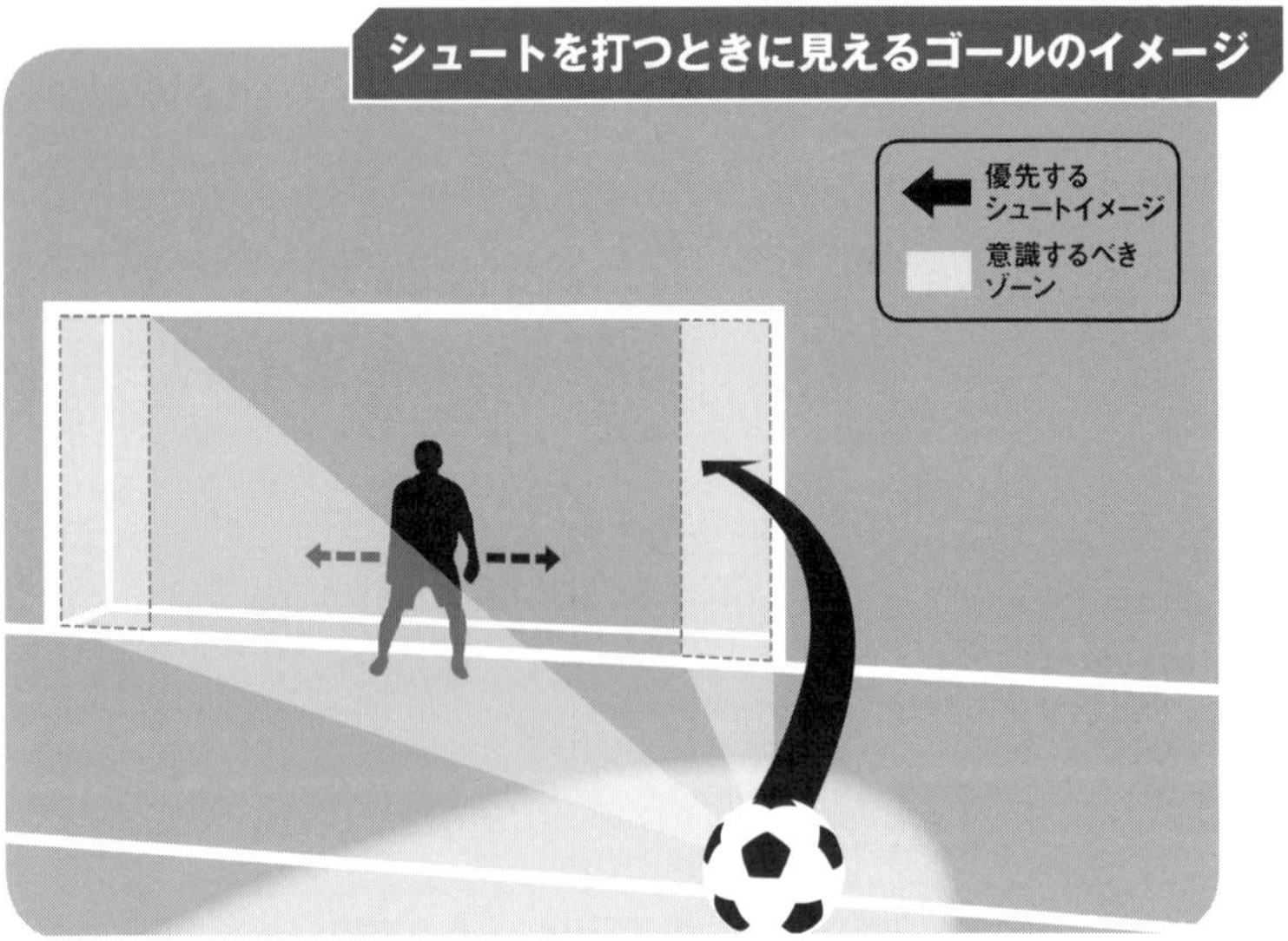

横の動きでDFの迷いや、マークの受け渡しのまごつきを誘発し、その隙に縦の動きで一気に裏を突くシュート練習です。DFラインの裏にある空きスペースに抜け出し、ゴール中央より少し右側でスルーパスを受けたときの視界がこのイメージ図です。GKもストライカーの動きに合わせて、ゴール中央からやや右側にポジションを取ることが予想されます。間接視野でGKのわずかな重心の変化などをとらえて、ゴールの空いたスペース（図の白い部分）へシュートします。ゴール前の状況の変化に合わせてシュートを蹴り分けられるようにしましょう。スルーパスをもらうためにスペースに入り込むときは、左肩がゴールに向くような体勢をキープしつつ、パスの出し手を右の肩越しに見るような状態で走ります。ボールを右足の前に受け流す形から、そのままニアサイドを狙うのが優先するシュートイメージです。

DFを加えて、実戦に近い動きを磨く

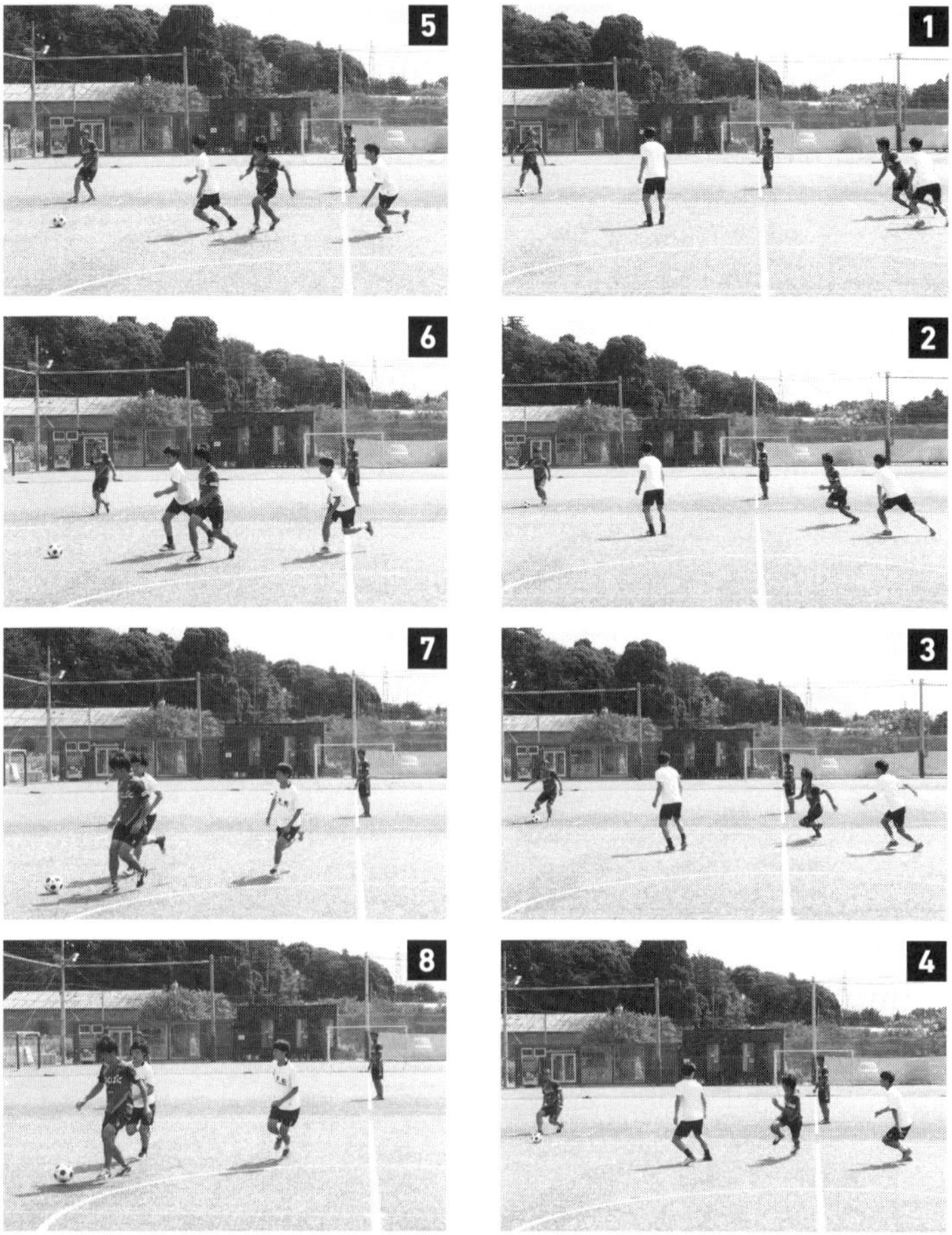

横の動きによって、右のDFが中央のDFにマークを受け渡そうとします（写真1〜3）。その瞬間に、縦の動きで一気に裏に抜け出しています。

「プルアウェー」でスルーパスを引き出す

1
2
プルアウェーでゴール左側に抜け出てボールを受けるため、左足でシュートを打つ。シュートするときは、まず蹴り足のサイド①を第一に狙うイメージで。状況に応じて逆サイド②に蹴る場合もある。

横パスに合わせて自分も横に動き、DFがそれに合わせて寄せてきた瞬間に、「プルアウェー」でボールから離れるように裏に走り込みます。

Traning Point

攻撃の組み立てに加わるフリをし、DFが動いた瞬間に「プルアウェー」を仕掛けるのが効果的です。「寄って、離れる」動きのメリハリがポイントです。

シュートを打つときに見えるゴールのイメージ

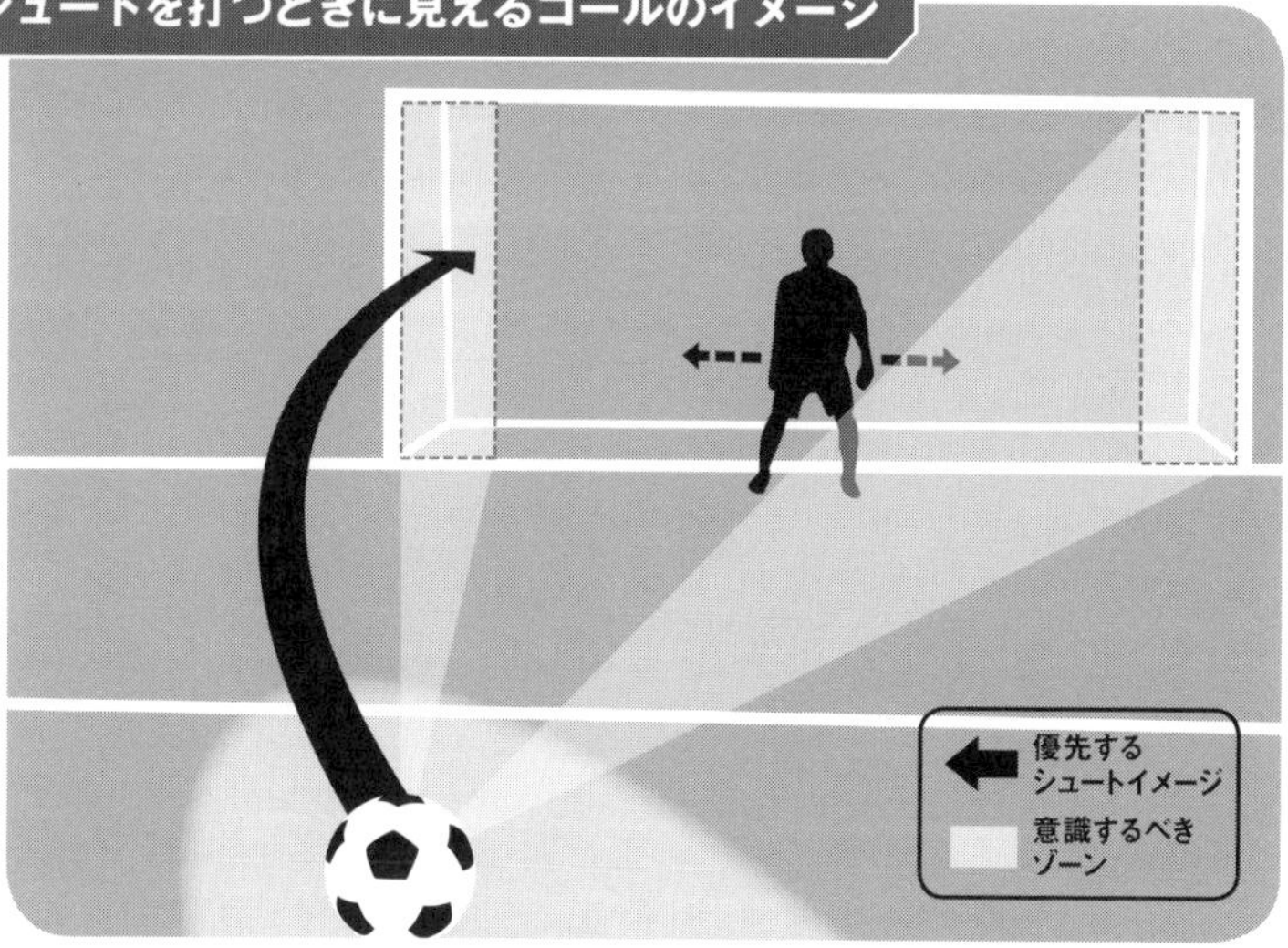

マークに付いていたDFの逆を突き、縦の動きで抜き去るプルアウェーからのシュートです。DFをかわし空いているスペースに入り込み、スルーパスを受けたときの視界がこのイメージ図です。最終的には、プルアウェーでマークを外すことになりますが、このトレーニングでは、その前の予備動作がポイントとなっています。後方の選手から、右サイドの味方へのパスが出るタイミングで、予備動作として、中央への動き出しを行います。この横の動きでDFは、次のパスを予測して、距離を詰めてくるため、その瞬間を狙ってクロスステップで左側に逃げることで、効果的にマークを外せるのです。スルーパスを受けるときは、左足でニアサイド側を狙うシュートが有効ですが、GKはDFが左側から抜かれているので、やや左に寄ったポジションを取ってくる可能性もあります。間接視野でゴール前の状況を確認して、ファーサイド、ニアサイドへシュートを打ち分けましょう。

DFを加えて、実戦に近い動きを磨く

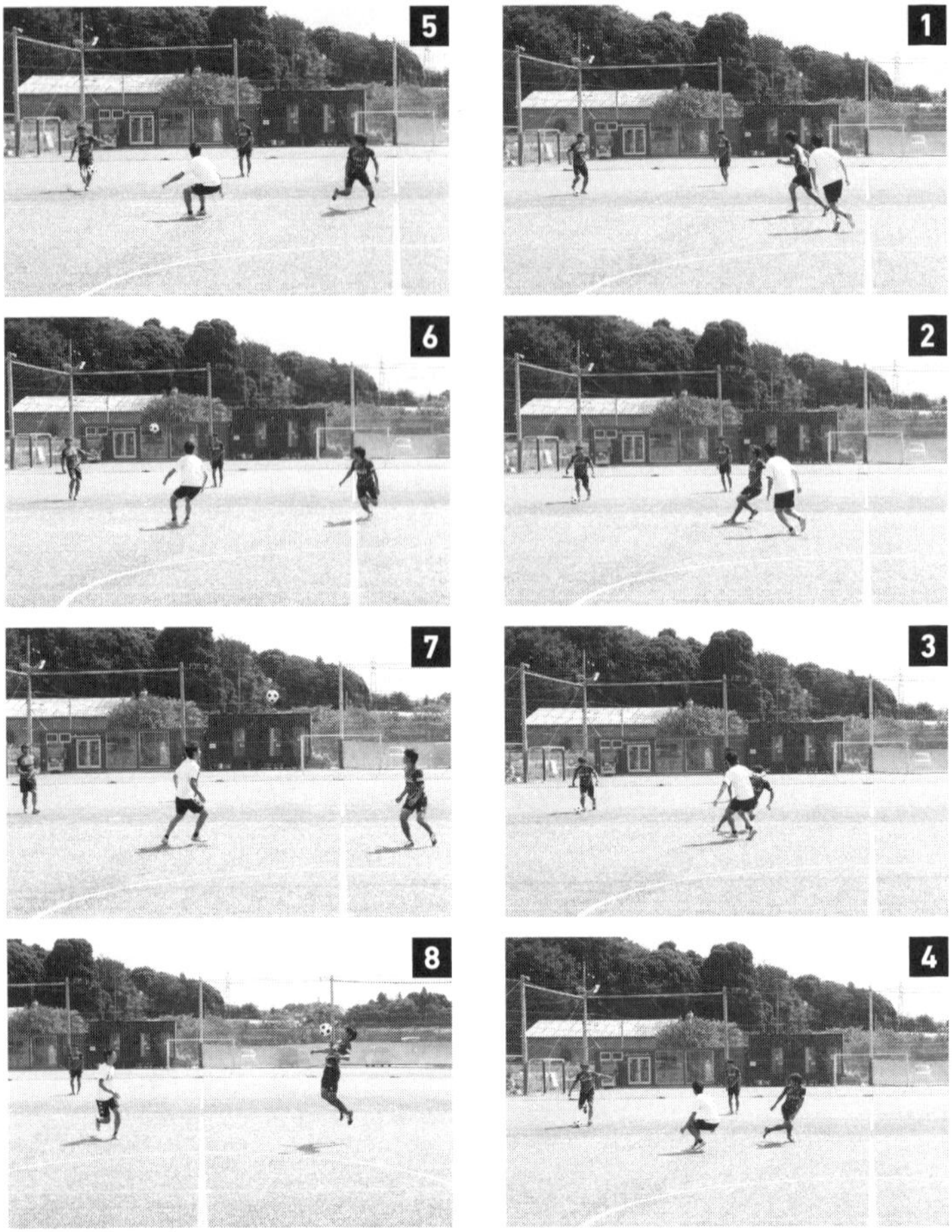

写真2~3を見ると、DFが足元へのパスのカットを狙っているので、その逆を取ってクロスステップで急激な方向転換をしている点を参考にして、練習に生かしましょう。

chapter 5

第5章

ゴールする力を維持するTRE式ケア

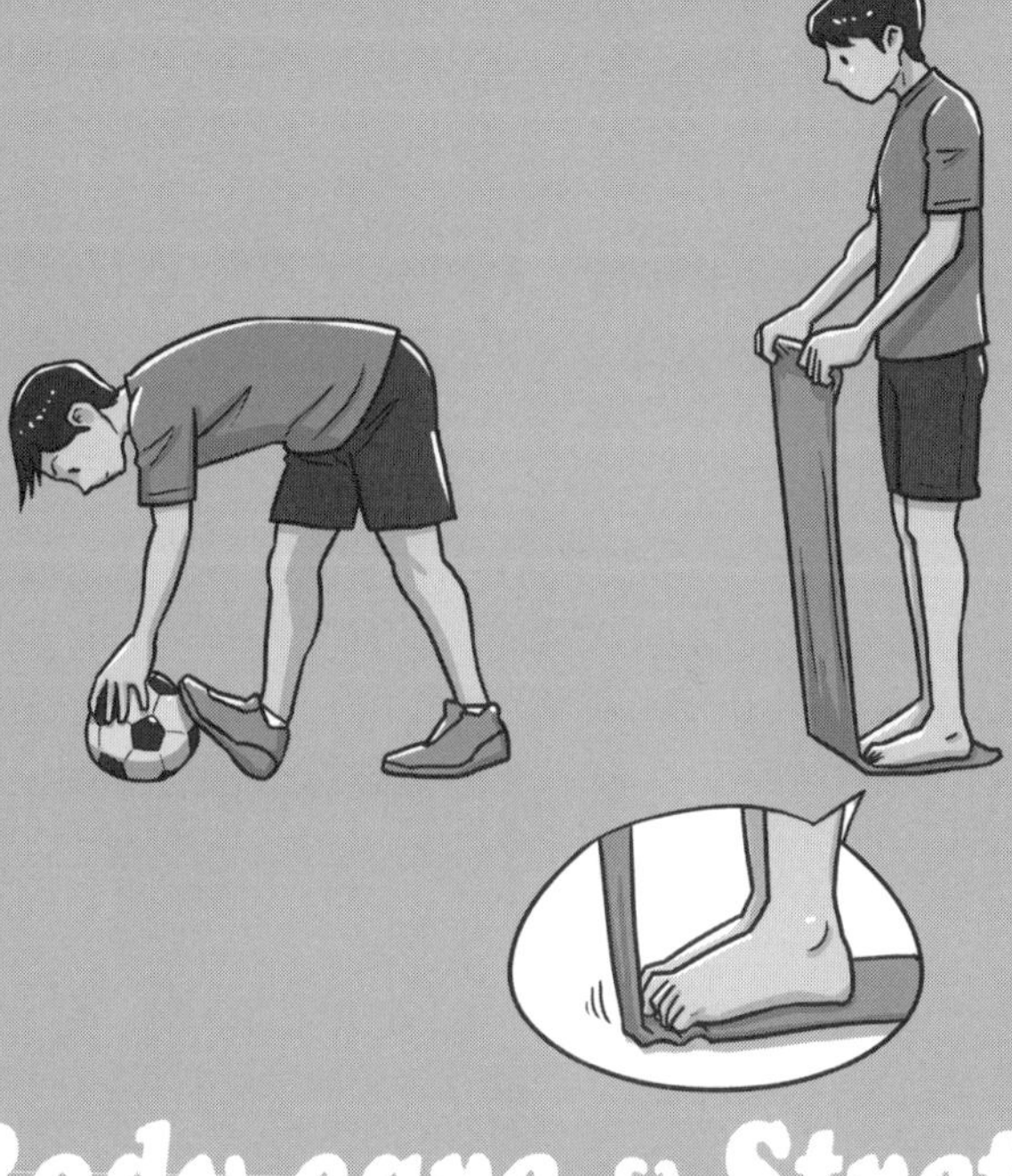

Body-care & Stretch

TRE式ケアは、ストライカーがゴールする力を維持するためのポイントを押さえたものです。日ごろのトレーニングや試合の前後に行うことで、より充実したゴール経験を積むことができるでしょう。

TRE式ケア 1 腹式呼吸で「心」と「体」を整える

両肩、骨盤を地面につけ、背筋を伸ばします。鼻からゆっくり息を吸い、口から息を吐き出します。息を吐き出すときは吸うときよりもゆっくりと行いましょう。呼吸や心拍を落ち着かせることはプレーの安定にもつながります。

TRE式ケア 2 肩甲骨を動かして肩関節の自由度を高める

背筋を伸ばしてタオルの両端を持ち、無理せずに後ろ側にゆっくりと下ろして肩甲骨を広げます。タオルはたるまないようにしましょう。

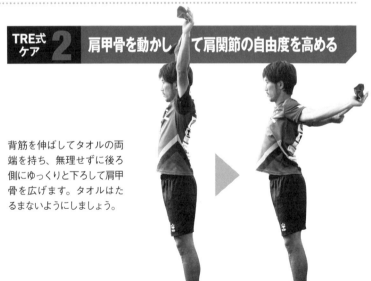

TRE式ケア 3 首を回してストレートネックを予防

後ろで手を組んで背筋を伸ばしながら胸骨を広げます。そして、ゆっくりと首を左右に回します。

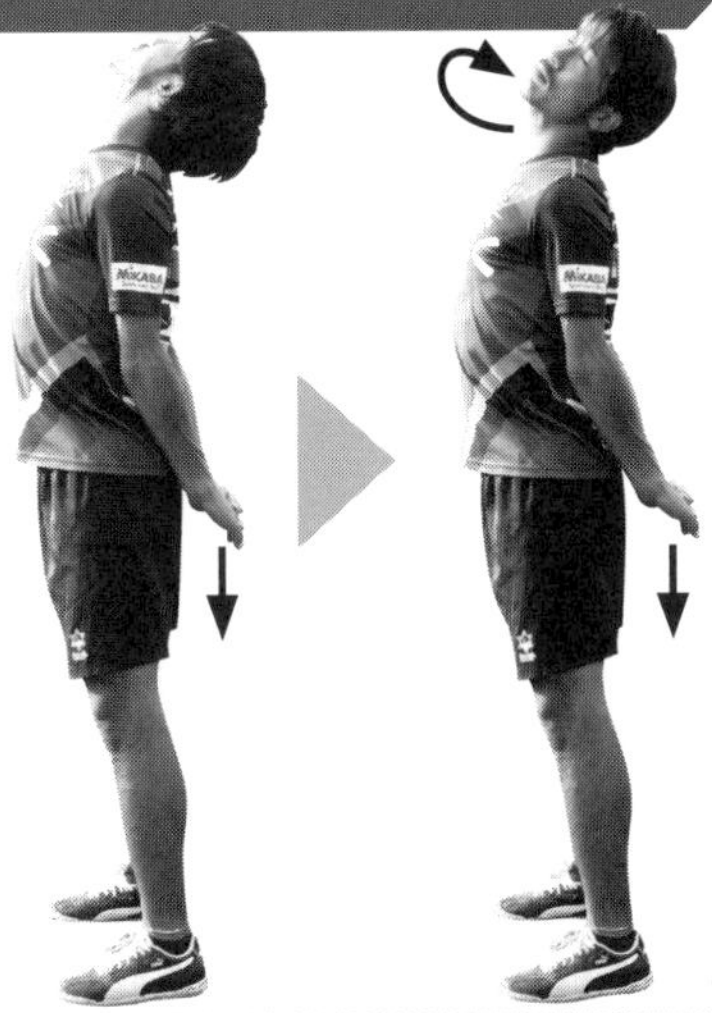

TRE式ケア 4 タオルギャザーで足指の働きを取り戻す

両手で引っ張って伸ばしたタオルを、かかとを支点にして足指全体を使ってタオルを握りたぐり寄せます。

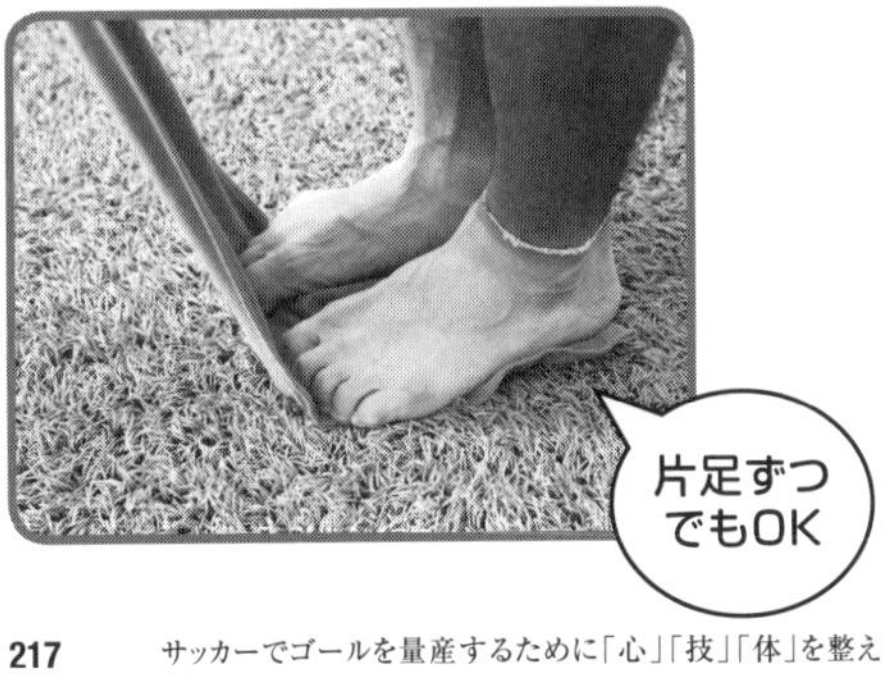

TRE式ケア 5 開脚で股関節の柔軟性を高める

ひざが内側に
入らないように
注意

両手を肩幅くらいに広げ、足を無理せずに可能な限り大きく開きます。背筋を伸ばしたまま、腕を曲げずに、ゆっくりと骨盤を前に出すようなイメージで腰を落とします。

TRE式ケア 6 ボールを使って足の裏側を伸ばす

ボールを両手で固定して、足先（母指球）をボールに乗せ、アキレスけん、足裏を伸ばします。

TRE式ケア 7 ボールを使って背、腰を伸ばす

腕を上に伸ばしてボールを肩甲骨の下に置きます。あおむけになるように寝そべり、ゆっくりと背中を伸ばします。

腰をボールの上に乗せた状態で横を向いて寝そべり、ゆっくりと腰を伸ばします。

おわりに

本格的に子どもたちの指導を始めて、2年ほどが経ちました。最近は、アカデミーの現場に行くと多くの子どもたちが駆け寄ってきて、「昨日の試合でハットトリックをしたよ」「曲がるシュートを決めたよ」など、嬉しい報告がたくさん聞けるようになりました。

私は、子どもにとって「ゴールはサッカーをプレーするための栄養だ」と考えています。ゴールを決めたら、また次のゴールを目指せます。そして、次の練習日が待ち遠しくなります。サッカーはゴールを決めると、なんだかワクワクするのです。

そういう体験が、ゆくゆくは「たくさんゴールを決めたい」に変化し、自ら努力することにつながります。そうして、ようやく子どもは「どうしたらゴールを決められるんだろう?」と自分なりにゴールを奪うために考え始めるのです。そうなれば、自然にゴールへのこだわりを見せるようになります。

「あー、外した」「よし、決まった!」

こういうゴールへの感情を素直に表現できる子どもたちをたくさん見るために、私は元Jリーガーの宇留野純をはじめとした仲間たちと「TRE2030ストライカー・アカデミー」を立ち上げました。ゴールを決める力のあるストライカーがチームの中で育てば、その前に立ちはだかるGKが育ちます。そして、ゴール前でシュートを打たせまいとする

ＤＦも、ゴールを取らせようとパスを出すＭＦも育ちます。ストライカーの育成は、すべてのポジションの選手たちに相乗効果をもたらします。

サッカーは、ゴールを奪い合うスポーツだからこそ「ゴールを賭けた勝負」が練習から必要です。そういう環境づくりが、日本サッカーの底上げにつながります。本書は、アカデミーで構築してきたＴＲＥ式メソッドを基に「ゴールを賭けた勝負に勝てる」ストライカー育成のノウハウを伝えるために作りました。１人でも多くの指導者の役に立ち、そしてたくさんの子どもたちがゴールを賭けたドラマを生んでくれたらと願うばかりです。

最後に、この場を借りて、「ＴＲＥ２０３０ストライカー・アカデミー」に日ごろから一緒に携わってくれているみんなに感謝しつつ、この本の制作への意見やアイデア、撮影への協力に心からありがとうといいたいと思います。また、撮影の協力をしてくれたＺＦＣ松戸のみんな、ＴＲＥ２０３０の活動を日ごろからご支援いただいている皆様方に改めて感謝申し上げます。

そして、この本の制作に尽力をしてくださったマイナビ出版の古屋大輔さん、編集の竹田東山さん、構成・執筆協力の木之下潤さん、そして、制作にかかわってくださった皆様にこの場を借りて感謝申し上げます。

ＴＲＥ２０３０ストライカー・アカデミー代表　長谷川太郎

著者紹介

長谷川 太郎

1979年8月17日東京都生まれ。1998年に柏レイソルユースからトップチームに昇格。2003年からはヴァンフォーレ甲府に所属し、2005年シーズンにはJ2で日本人トップとなる17得点を決め、昇格の立役者となる。その後、国内4チームでのプレーを経て、2014年にインド・Iリーグ1部のモハメダンSCでプレーした後、引退。JFLブリオベッカ浦安で日本初のストライカーコーチに就任。現在はストライカー養成に特化したスクール「TRE2030ストライカー・アカデミー」を主宰する。毎年子どもから大人まで、サッカーを通じて知り合う2000人以上の方々との交流を大切にしながらスクールや、講演活動を続けている。

TRE2030
ストライカー・アカデミー
コーチ

中央の長谷川太郎を挟んで、
左から宇留野純、山田伸昭、杉山新、
ノグチピント・エリキソンフランキ

●撮影モデル協力

ZFC松戸の皆さん

profile

TRE2030
ストライカー・アカデミー紹介

一般社団法人TRE
ホームページ

http://tre2030.com

一般社団法人TRE事務局へのお問い合わせはHPからメールフォームにてご連絡ください。

TRE2030ストライカー・アカデミーは、日本サッカーの人材強化に貢献するために長谷川太郎が設立した、世界で活躍するストライカーの育成機関。「ゴールを通じて、決断力・覚悟・責任感を養い、自信を持ってシュートできる選手を育成する」ために、ストライカーに特化した活動を行う。「自分らしいゴールのカタチ」の体得を目指した指導が特徴で、日本のみならず世界各地で活動。ゴールで笑顔を創る活動を目指し、地域の人々と交流する。

撮影協力

ゼットフットサルスポルト
松戸流山

千葉県流山市前ヶ崎85

http://www.zfutsal.com/matsudo-nagareyama/

衣装協力RAZZOLI ／ボール提供MIKASA

サッカーでゴールを量産するために
「心」「技」「体」を整える方法

2017年11月1日　初版第1刷発行

著　　者　長谷川太郎
（TRE2030ストライカー・アカデミー代表）

発行者　滝口直樹

発行所　株式会社マイナビ出版
〒101-0003 東京都千代田区一ツ橋2-6-3 一ツ橋ビル2F
電話　0480-38-6872【注文専用ダイヤル】
03-3556-2731【販売部】
03-3556-2735【編集部】
URL　http://book.mynavi.jp

構成・執筆協力　木之下潤

編　　集　竹田東山・倉本皓介（青龍堂）

写　　真　真崎貴夫

デザイン・図版制作　雨奥崇訓・小林正俊

協　　力　木場克己（体幹バランス協会）
谷真一郎（J1・ヴァンフォーレ甲府　フィジカルコーチ）

印刷・製本　シナノ印刷株式会社

Printed in Japan ISBN978-4-8399-6464-1 C0075